Verena Keil (Hg.)
Frohe Weihnachten

Über die Herausgeberin

Verena Keil ist Lektorin bei Gerth Medien und hat bereits eine ganze Reihe von Geschichtensammlungen herausgegeben.

Verena Keil (Hg.)

Frohe Weihnachten

Geschichten und Gedanken
für die schönste Zeit des Jahres

Inhalt

Vorwort 7

Stille Nacht, Heilige Nacht 11
Eine Weihnachtsgeschichte zum Vorlesen 13
Gedanken zum Dezember 18
Das verschwundene Jesuskind 21
Grund zum Feiern 27
Ephraims Reise oder: Was Josef vergessen hatte 28
Der Freudenbringer 35
Die beste Weihnachtspredigt 36
Ich steh an deiner Krippen hier 37
Das Lied von der Stillen Nacht 39

Zeit der Hoffnung 45
Kostbarkeiten aus dem Schuhkarton 47
Herr des Himmels menschennah 52
Weihnachten am Gründonnerstag 54
Weihnachten heißt: Er ist da 59

Der hausgemachte Heiligabend	60
Dies ist die Nacht	67
Sorry, wir sind leider ausgebucht	68
Worte, die Mut machen	70
Advent	73
Der Viadukt-Mann	74
Die Ermutigungs-Papierkette	80
Die Weihnachtsangst	82
„Sind Sie Gott?"	90
Die Nacht ist vorgedrungen	92
Vom Schenken und Beschenkt werden	95
Vom Schenken und Beschenkt werden	97
Schenken	102
Irrglaube über das Glück	103
Das perfekte Geschenk	105
Die Nacht, als die Sterne vom Himmel fielen	107
Zeit schenken	114
Ein Päckchen Güte	115
Die schönste Zahnlücke der Welt	116
Das beste Geschenk von allen	119
Das Geschenk des Glaubens	121
So weit wie die Sterne	123
Drei Geschenktipps für den Weisen von damals	132
Der verschnittene Weihnachtsbaum	134
Lied im Advent	137
Quellenverzeichnis	139

Vorwort

Wenn Lichter die Fenster und dunklen Straßen erhellen, überall adventliche Musik erklingt und die Einkaufspassagen voller und voller werden, spätestens dann rückt das Weihnachtsfest in greifbare Nähe. Und in der Zeit der alljährlich wiederkehrenden vorweihnachtlichen Betriebsamkeit wird auch die Sehnsucht in uns größer – die Sehnsucht nach Ruhe, die Sehnsucht nach „weniger statt mehr", die Sehnsucht nach mehr Zeit für die Lieben. Wenn wir innehalten, spüren wir tief in uns drin, dass das Leben mehr ist, als einem Zeitregiment zu folgen und Pflichten zu erfüllen. Wir sehnen uns nach mehr Tiefe und Erfüllung, nach Nähe und Geborgenheit und nach einer heileren Welt.

In einer Zeit, in der sich alles immer schneller zu drehen scheint und in der negative Schlagzeilen Hochkonjunktur haben, ist Weihnachten eine positive Nachricht – auch in diesem Jahr. „Siehe, ich verkündige euch große Freude!" – das, was die Engel damals den Hirten in Bethlehem zugerufen haben, gilt auch uns. So haben wir allen Grund zur Hoffnung und können fröhlich feiern. Und deshalb können wir andere beschenken – und auch uns selbst beschenken lassen, in dem Wissen, dass das größte Geschenk in einer armseligen Holzkrippe liegt. Gott, der als Baby in diese Welt herabgekommen ist, begibt sich auf Augenhöhe mit uns, will uns begegnen inmitten unserer Sehnsüchte.

Das Buch, das Sie gerade in der Hand halten, möchte ein kleiner Begleiter durch die Advents- und Weihnachtszeit sein.

Thomas Joussen entführt Sie in die Geschehnisse der Heiligen Nacht, und bei Helmut Frantzen erfahren Sie, was es mit dem verschwundenen Christkind auf sich hat. Stephen Cottrell verrät, was die beste Weihnachtspredigt war, die er je erlebt hat – und Titus Müller erzählt auf einfühlsame Weise, wie sich die Erstaufführung des Liedes „Stille Nacht" im Jahr 1818 zugetragen haben könnte.

Lesen Sie, wie eine Christbaumkugel Hannes das Leben gerettet hat und wie in den Schweizer Alpen Weihnachtsangst in Weihnachtsfrieden verwandelt wurde. Und: Entdecken Sie, was hinter dem Geheimnis des Schenkens steht – und was für ein großer Reichtum das Geschenk des Glaubens ist.

Ich wünsche Ihnen, dass Sie dem Geheimnis von Weihnachten ganz neu – oder vielleicht zum ersten Mal – auf die Spur kommen, und dass Sie von der Freude erfüllt werden, die vor rund zweitausend Jahren auch die Hirten erfüllt hat.

Nehmen Sie sich Zeit, Weihnachten in Ihr Herz zu lassen. Die Geschichten, Gedanken und Liedtexte auf den nächsten Seiten wollen Ihnen dafür eine Tür öffnen. Viel Freude beim Lesen und Vorlesen!

Verena Keil

Eine Weihnachtsgeschichte zum Vorlesen

Thomas Joussen

Es war schon sehr lange her, dass er zum letzten Mal in seiner Heimatstadt gewesen war. Was sollte er auch dort? Nachdem er als junger Mann nach Nazareth gekommen war, drehte sich sein ganzes Leben um die neue Heimat in der Provinz Galiläa: um seine Familie und Freunde und später dann um seinen Beruf als Zimmermann. Er liebte diesen Beruf; immer wieder kam es vor, dass ihn Menschen freundlich auf der Straße grüßten, denen er im Laufe der Zeit das Dach gedeckt oder beim Errichten einer Scheune geholfen hatte.

Als rechtschaffener Bürger hatte er immer ein gutes Verhältnis zu den Oberen der Stadt gehabt, hatte seine Steuern entrichtet und sich auch nie gegen die römische Besatzungsmacht aufgelehnt. Dem Befehl aus Rom zu folgen, dass sich jede Familie zur Volkszählung an den Geburtsort des Mannes begeben musste, fiel ihm jetzt jedoch sehr schwer. Während die meisten seiner Freunde in Nazareth bleiben konnten, musste er mit Maria, seiner schwangeren

Verlobten, viele Tage unterwegs sein, nur um sich ausgerechnet in Bethlehem in die Steuerliste der Römer eintragen zu lassen. Aber was sollte er tun? Befehl war nun mal Befehl, da gab es nichts zu machen. Jedenfalls nicht für ihn, Josef, den unbedeutenden Zimmermann aus Nazareth.

Erschwerend kam hinzu, dass Maria kurz vor der Niederkunft war, und so würde es vor allem für sie zur Tortur werden, die Reise zu Fuß und auf dem Rücken des Esels anzutreten. Was Josef besonders beunruhigte, war, dass das Kind vermutlich sogar unterwegs zur Welt kommen würde: ohne die Unterstützung der Familie, irgendwo im staubigen Niemandsland.

Zugleich bedeutete die lange Reise für ihn und seine Verlobte, diese Zeit ohne Einkommen zu überstehen. Josef haderte mit der Situation, in die ihn der Kaiser gebracht hatte. Der Kaiser! Er blieb bei dem Gedanken hängen: welche Macht dieser Mann über sein Leben hatte, obwohl sie sich nicht kannten und Augustus tausende Kilometer weit weg in Rom sein mächtiges Reich lenkte. Das einzig Gute an der Sache war, dass er nach all den Jahren die kleine Stadt wiedersehen würde, an die er sich aus Kindertagen nur noch schemenhaft erinnern konnte. Das war alles schon sehr lange her: Ob er einzelne Straßenzüge und Gebäude des schönen Ortes noch wiedererkennen würde?

An diesem Abend war es empfindlich kalt auf dem Feld. Vor allem durch den erbarmungslosen Westwind, der über die weite Steppe mit ihren vereinzelten Getreidefeldern strich. Joshua bemerkte, dass die Herde unruhiger war als sonst: Irgendetwas stimmte nicht mit den Tieren, die sich dicht an dicht in der Nähe der Holzumzäunung drängten und Schutz suchten. Er rief den Hund zu sich und ging, um nachzusehen, was der Grund für die Nervosität der Schafe sein konnte. Vielleicht hatten sie die Witterung eines wilden Tieres aufgenommen oder es war wirklich nur dieser ungewöhnlich scharf blasende Wind, der auch in ihm besorgte Gedanken auslöste; es war noch recht früh in der Nacht, und so hoffte er, dass der Wind sich legen und es endlich wieder still werden würde.

Das laute, ungewöhnliche Geräusch ließ ihn auf dem Weg zur nahe gelegenen Feuerstelle aufschrecken. Als er sich umdrehte, wurde er geblendet: Er sah die Umrisse eines Mannes. Der Mann war riesengroß und er leuchtete. Joshua erstarrte vor Furcht und hielt seinen Stab so fest umklammert, dass ihm die Knöchel schmerzten. Wo kam dieses Licht her? Er konnte weder eine große Lampe noch eine Fackel in den Händen des Mannes ausmachen; es wirkte beinahe so, als ob der Mann aus sich heraus leuchtete. „Fürchte dich nicht!" war der erste Satz, den er an Joshua richtete.

„Benjamin – David!" Joshua rief nach den beiden anderen Hirten, doch als er sich umdrehte, sah er, dass beide direkt hinter ihm standen und genauso schockiert auf den leuchtenden Riesen starrten.

Als er sich wieder umdrehte und dem Riesen zum ersten Mal ins Gesicht sah, merkte er, dass dieser freundlich lächelte. Keinerlei Bedrohung ging von ihm aus.

„Ihr Männer, ich habe gute Nachrichten für euch. Ganz in der Nähe, am Stadtrand, gibt es einen Stall, gleich hinter der Gaststätte."

Die drei Schäfer sahen sich an. Sie kannten das unscheinbare, windschiefe Gebäude, von dem er sprach.

„Dort wurde vor einigen Stunden ein Kind geboren. Es ist das Kind, auf das ihr alle wartet. Der Messias, den uns Gott sendet als Boten des Friedens und der Liebe. Und ihr sollt die Ersten sein, die den Retter sehen. Wenn ihr Zweifel habt, dann seht selbst: Das Kind liegt in Windeln gewickelt in einer Futterkrippe. Seine Eltern heißen Josef und Maria."

Und als er das gesagt hatte, kamen immer mehr der leuchtenden Gestalten, und es wurde zunehmend lauter, und auf einmal klang es auf dem Felde, als würde ein gewaltiger Chor ein Jubellied anstimmen. Nur ein paar Momente später war das Lied verklungen, und als Joshua wieder klar denken konnte, waren alle leuchtenden Gestalten wieder wie vom Erdboden verschluckt. Es war wieder dunkel, und er spürte, dass der Wind aufgehört hatte zu blasen. Es war ruhig auf dem Feld und auch die Tiere verhielten sich wieder wie immer.

„Was tun wir jetzt?", fragte David die anderen.

„Was wir tun sollen? Natürlich werden wir zum Stall gehen", erwiderte Benjamin.

„Und die Herde?", fragte Joshua besorgt.

„Der Stall ist nur ein paar Hundert Meter entfernt: Wir nehmen die Tiere mit", antwortete Benjamin. „In spätestens einer halben Stunde sind wir dort. Wenn alles stimmt, dürfen wir keine Zeit verlieren."

„Ist da jemand?" Das war nicht die Stimme des unfreundlichen Wirtes, der ihnen vor ein paar Stunden den Platz im Stall zugewiesen hatte, die Maria jetzt vor der Holztür ausmachte. Die Stimme gehörte zu einem älteren Mann und klang fragend, ängstlich beinahe, aber keinesfalls unfreundlich. „Wir sind hier", sagt Josef. „Hier, in der Ecke hinter der Holzwand." Als er den Kopf hob, sah er, dass sich drei Männer zögerlich näherten. Offenbar mussten sich ihre Augen erst an die Dunkelheit gewöhnen. „Wo ist das Kind?", fragte der letzte der drei Männer unvermittelt. Josef erwiderte: „Der Wirt hat uns erlaubt, hier zu sein. Was wollt ihr von uns?" Er hielt den Kleinen schützend im Arm und drückte ihn noch enger an seinen Körper. Der Hirte, der ihm die Frage gestellt hatte, antwortete – jetzt in freundlichem Ton: „Ein unbekannter Riese auf dem Feld hat uns gesagt, dass hier im Stall ein Kind geboren wurde. Er sagte, dass es der sei, auf den wir alle warten." Josef antwortete nicht. Die Männer kamen einen Schritt näher. Maria sah alle drei nacheinander mit festem Blick an; alle im Stall schwiegen. Dann lächelte die junge Mutter schwach und sagte:
„Es ist ein Junge."

Gedanken zum Dezember

Claudia Weiand

Dezember. Und alles bereitet sich auf die merkwürdigste Geburtstagsfeier der Welt vor!

Es begab sich aber zu der Zeit … Von langer Hand vorbereitet, über die Vorstellung von Zeit hinaus geplant. Mit Lichteffekten und Chormusik untermalt. Eingeflochten in die Geschichte der Menschheit ereignete sich die Geburt eines Herrschers. Im wahrsten Sinne ein V.I.P. (eine sehr wichtige Person) erblickte das Licht der Welt. Inmitten von Mist und Dung.

Nach einiger Zeit kommen dann die ersten Besucher. Sie riechen nicht anders als der neugeborene König. Stallgeruch. Schließlich dann der hochherrschaftliche Geburtstagsbesuch. Die Herren wirken etwas fehl am Platze. Statt der Säuglingserstausstattung königliche Geschenke. Kostbarkeiten.

Nur seine Mutter ahnt, dass dieses Baby wenige Jahre später die Welt aus den Angeln heben wird. Ein klassisches Sorgenkind. Bricht mit Traditionen, zieht mit den falschen

Leuten um die Häuser und stellt unbequeme Fragen, gibt rätselhafte Antworten. Und stirbt noch in jungen Jahren einen grauenhaften Tod.

Und dann setzt er die Naturgesetze außer Kraft! Und die Welt wird nie wieder so sein wie zuvor!

So gesehen feiern wir zwei Geburtstage: Weihnachten und Ostern. Untrennbar vereint durch den Einen. Allerdings tut sich die Welt etwas leichter mit dieser Stallgeschichte. Ist es nicht erstaunlich, dass sich all die, die sich das ganze Jahr über vehement von „Kirche, Gott und anderen religiösen Kleinigkeiten" distanzieren, dem Sog des Weihnachtsfestes nicht entziehen können? Ich habe schon oft gehört, dass jemand nicht mehr in die Kirche geht. Oder Gott für ihn gestorben ist (wie wahr!!!). Aber hat zu Ihnen schon mal ein Atheist gesagt: „Weihnachten feiern wir nicht. Da glauben wir nicht dran!"?

Weihnachten ist nämlich längst mehr geworden als eine Geburtstagsparty für den König der Könige. Weihnachten ist ein Event! Eine clevere Verkaufsstrategie. Umsatzstark. Ein gutes Gefühl. Atmosphäre. Weihnachten, das ist Glimmer, Glitzer, Musik und Geschenke!

Das Geburtstagskind ist den Kinderschuhen längst entwachsen. Geschenke werden an seinem Geburtstag an andere verteilt. Man muss es gar nicht kennen, um für dieses Kind eine Party zu schmeißen. Merkwürdig.

Aber erst dann, wenn ich in die Krippe schaue und unter den niedlichen Pausbacken das Sorgenkind entdecke, wird Weihnachten zum Königsfest!

„Denn uns wurde ein Kind geboren,
uns wurde ein Sohn geschenkt.
Auf seinen Schultern ruht die Herrschaft.
Er heißt: wunderbarer Ratgeber, starker Gott,
ewiger Vater, Friedefürst"
Jesaja 9,5

Das verschwundene Jesuskind

Helmut Frantzen

In vielen Familien ist es üblich, an Weihnachten eine Krippe aufzubauen. Auch Fred hatte als Kind eine solche mit vielen Figuren, die er jedes Jahr zum Fest aufstellte. Leider ging diese Krippe jedoch während des Krieges verloren und so gab es für Fred eine lange „krippenlose Zeit".

Viele Jahre später war aus Fred ein erwachsener Mann geworden. Er war inzwischen verheiratet und hatte selbst zwei Kinder, als in ihm der Wunsch erwachte, die Tradition der Weihnachtskrippe wieder aufleben zu lassen. Schöne Figuren – und die sollten es ja sein – waren damals teuer und das Geld knapp, deshalb entschloss er sich, für das erste Jahr nur den Stall, die Krippe mit dem Jesuskind und Maria und Josef anzuschaffen und dann im Lauf der Jahre die Szene mehr und mehr zu ergänzen. Die Kinder waren ja noch klein, und so würden sie zuerst gar nicht bemerken, dass noch so einiges fehlte, wollte man die komplette Weihnachtsgeschichte darstellen.

Im darauffolgenden Jahr kaufte Fred Ochs und Esel, was ihm prompt den Kommentar von seinem Jüngsten einbrachte: „Ach, die Heilige Familie war gar nicht alleine in dem Stall?"

„Nein", sagte Fred, „sie mussten sich die Herberge mit den Tieren teilen." Damit war die Sache erst mal erledigt.

Ein Jahr später montierte Fred einen großen elektrisch beleuchteten Stern über die Krippe und ein Hirte und zwei Schafe waren auch dazugekommen. Von nun an las Fred an jedem Heiligen Abend vor der Bescherung die Weihnachtsgeschichte vor und aufmerksam hörten die Kinder Klaus und Beate zu. Als Fred geendet hatte, schaute Beate ihren Vater mit großen Augen an und sagte: „Aber, Papa, wo ist denn der Engel, der den Hirten die frohe Botschaft verkündet hat, und wo sind die anderen Hirten? Hier bei uns sind ja nur ein Hirte und auch nur zwei Schafe."

Fred versuchte, seiner Tochter eine plausible Erklärung zu liefern, und antwortete: „Der Engel ist sicher da, aber vielleicht liegt es daran, dass man Engel nicht immer sieht, selbst wenn sie da sind."

„Aber ich möchte doch wissen, wie Engel aussehen, damit ich einen Engel erkenne, wenn mir mal einer begegnet", sagte Beate.

Fred tröstete sie mit den Worten: „Nächstes Jahr wird der Engel bestimmt auch zu sehen sein. Und die anderen Hirten kommen sicherlich auch noch. Sie sind vielleicht noch vom Feld her unterwegs."

Im nächsten Jahr schwebte natürlich auch ein Engel über der Krippe, und es gab inzwischen drei Hirten, denn auch die Schafe hatten sich wieder vermehrt. Allmählich wurde so die weihnachtliche Szenerie immer vollständiger und das Vorlesen der Weihnachtsgeschichte an Heiligabend aus dem Evangelium nach Lukas zur Familientradition.

So ging es viele Jahre und die Kinder wurden allmählich größer. Inzwischen waren sie selbst für Aufstellung, Gestaltung und später auch für das Wegräumen der Weihnachtskrippe zuständig. Schützend in Seidenpapier eingerollt und in Holzwolle gebettet, wurden die Figuren nach Weihnachten in einer großen beschrifteten Schachtel auf dem Speicher aufbewahrt. Beate beschriftete den Karton irgendwann beim Wegräumen mit „WEIHNACHTS-GRIPPE", was allerdings erst im darauffolgenden Jahr bemerkt wurde. Diese kleine Verwechslung führte zu allgemeinem Gelächter, doch nachdem die Beschriftung korrigiert war, kehrte bei der Organisation der Krippe eine fast „heilige" Ordnung ein.

Aber in einem Jahr passierte es ...

In liebevoller Kleinarbeit hatten die Kinder wieder einmal die Krippe aufgebaut und alle Figuren entsprechend arrangiert. Ein letzter überprüfender Blick: Der Innenraum der Krippe war, wenn auch nur spärlich, so doch durch eine kleine Laterne beleuchtet, der Stern prangte in stattlicher Größe und mit seinem hellen Licht über dem Stall und der Engel schwebte über dem offenen großen Stalltor. Die Hirten waren mit ihren Schafen gekommen und sie standen oder knieten vor der Krippe. Selbst Ochs und Esel schauten genauso wie Maria und Josef auf die Krippe. Die Schachtel war leer, aber plötzlich stieß Beate einen entsetzten Schrei aus: „Das Jesuskind fehlt!" Die Schachtel wurde durchgewühlt, aber sosehr man auch suchte, das Kind, um das es an Weihnachten ging, das Christkind, war einfach nicht zu finden.

„Bisher war doch immer alles komplett hier im Karton", sagte Klaus. „Hast du das Kind schon rausgenommen?", wollte er von Beate wissen.

„Quatsch, du hast doch den Stall ausstaffiert, weil du den Strom für die kleine Laterne und den Bethlehem-Stern installieren wolltest. Ich habe nur den Engel, die Hirten und die Schafe aufgestellt."

„Nun zankt euch nicht, sondern schaut noch einmal in Ruhe im Karton nach", sagte die Mutter. Aber alles Suchen half nichts. Das Jesuskind blieb verschwunden.

Die Kinder gerieten in Panik und Klaus meinte: „Leg doch eine andere Figur in die leere Krippe, bis wir das Jesuskind gefunden haben, nur so als Symbol!"

Beate holte die große bunte viereckige Lebkuchendose, die ihre Eltern vor Jahren mal mit einem Lebkuchensortiment hatten schicken lassen und in der jetzt die alten Spielsachen von früher aufbewahrt wurden.

„Hier, der kleine Bär", schlug Klaus vor.

„Bist du bekloppt, du kannst doch keinen Bären in die Krippe legen. Gott ist mit der Geburt von Jesus zum Mensch geworden und nicht zum Tier."

„Dann nimm eine andere Figur!"

„Soll ich vielleicht hier den blauen Schlumpf in die Krippe legen oder einen von deinen Lego-Männern? Nein, Klaus, für Jesus gibt es keinen ‚Ersatzmann' ... Also das kannst du nicht von mir verlangen."

„Dann lassen wir die Krippe einfach leer, das merkt vielleicht überhaupt keiner. Alles andere ist doch da. In den ersten Jahren waren ja auch noch nicht alle Figuren in der Krippe."

„Klaus", sagte Beate entsetzt und mit Bestimmtheit, „das Jesuskind ist die Hauptfigur! Ohne das Kind läuft nichts, aber auch gar nichts."

„Ach ..." Klaus wollte ein anderes Argument vorbringen, aber Beate ließ ihn nicht zu Wort kommen: „Wenn es das Kind in der Krippe nicht gibt, warum sollte dann der Stern leuchten, der den Menschen den Weg zum Kind zeigen soll? Und was soll der Engel den Hirten erzählen, die zur Krippe geeilt sind, weil sie das Kind verehren wollen? Nein, Klaus, so können wir das nicht lassen. Wir müssen das Jesuskind so lange suchen, bis wir es gefunden haben. Das ist im wahren Leben so und genau so wollen auch wir das halten."

„Was ist im wahren Leben so?"

„Auch im Leben muss man so lange nach Christus suchen, bis man ihn gefunden hat, denn ohne ihn ist weder die Krippe noch unser Leben vollständig."

Die Kinder räumten den ganzen Schrank aus, aber das Jesuskind blieb verschwunden. In dem Schrank waren aber noch mehr Kartons mit Dekorationssachen. So auch einer mit der Aufschrift „OSTERN".

„Lass uns hier mal reinschauen", schlug Klaus vor. „Vielleicht finden wir bei diesen Sachen ein geeignetes christliches Symbol, das wir in die Krippe legen können."

„Fängst du schon wieder an!", rief Beate. „Es gibt einfach keinen Ersatz für das Kind."

Klaus ließ sich nicht beirren, er kramte weiter in dem Osterkarton herum. Plötzlich rief er: „Beate, komm schnell mal her, das Jesuskind ist tatsächlich zu Ostern wieder auferstanden, es war in der Osterkiste."

„Also jetzt schmeißt du aber wirklich die ganze biblische Geschichte durcheinander, doch das spielt nun auch keine Rolle mehr, die Hauptsache ist, unser Christkind ist wieder da."

Noch nie hatte Beate sich das Christkind so sorgfältig betrachtet wie heute. „Es ist ja fast nackt", meinte sie entsetzt mit Blick auf das Kind, das ja nur in Windeln gewickelt war. Sie brachte das Kind zu Maria und Josef in den Stall. Somit war der weihnachtliche Friede endlich wieder hergestellt und die Weihnachtskrippe komplett.

Aber eines tat Beate dann doch noch für das Kind: Sie häkelte zusammen mit ihrer Mutter eine kleine Decke und sagte: „Damit das Christkind nicht frieren muss und nicht etwa noch die ‚Weihnachtsgrippe' bekommt." Und alle lachten und freuten sich auf Weihnachten.

Grund zum Feiern

Rick Warren

Der erste Grund für Weihnachten ist das Feiern! Wir erkennen dies an der Botschaft des Engels, die er den Hirten von Bethlehem offenbarte. Gott hat eine tolle Nachricht für uns, die dazu führt, dass wir uns freuen, feiern und ein Fest veranstalten:

„Siehe, ich verkündige euch große Freude, die allem Volk widerfahren wird" (Lukas 2,10).

Die gute Nachricht von Weihnachten ist es wert, dass man sie feiert, und zwar aus folgenden drei Gründen:

Es ist eine *persönliche* Nachricht: „Ich verkündige sie euch ..." Es ist eine *positive* Nachricht: „... große Freude ..." Es ist eine *universale* Nachricht: „... die allem Volk ..."

Ganz gleichgültig, wer Sie sind, was Sie getan haben, woher Sie kommen und woran Ihr Herz hängt: Diese Nachricht gilt auch für Sie.

Ephraims Reise oder: Was Josef vergessen hatte

Thomas Franke

„Auch nichts mehr frei!" Josef rieb sich mit der Hand über die staubige Stirn und blickte sorgenvoll auf Maria, die ganz still und blasswangig neben dem kleinen Esel Ephraim auf dem Boden hockte.

Der Weg nach Bethlehem war weit und staubig gewesen und Ephraims Augenlider fielen ihm vor Müdigkeit immer wieder zu. Mühevoll hob er sie wieder ein wenig. Es fühlte sich an, als hätte ein vertrotteltes Backenhörnchen seinen ganzen Wintervorrat an Nüssen daran aufgehängt.

„Es ist immer das Gleiche", schimpfte Josef. „Alles belegt. Ha! Ich bin mir sicher, wenn ich ein ordentliches Trinkgeld über die Theke schieben könnte, würde sich auf wundersame Weise noch ein Bett finden." Sein Blick fiel auf Ephraim: „Vielleicht sollten wir den Esel verkaufen …"

Was?! Mit einem Mal war Ephraim hellwach. Er ließ ein empörtes „I-ahhh" hören. Erst lässt du mich die gesamte Arbeit machen, hetzt mich die ganze Strecke nach

Bethlehem, sodass ich nicht mal meine mir gewerkschaftlich zustehenden Pausen nehmen konnte. Und nun willst du mich einfach verscherbeln wie ... wie einen durchgelatschten ... Latschen?! Der Blick des kleinen Esels war offensichtlich sehr aussagekräftig.

Josef runzelte die Stirn und kratzte sich verwirrt am Hinterkopf: „Manchmal frage ich mich, ob mit unserem Esel alles normal ist."

Maria verzog die Lippen zu einem kleinen Lächeln. „Natürlich ist unser Ephraim nicht normal. Schließlich ist er der erste Esel der Welt, der den Sohn des Höchsten getragen hat. Und er hat es sehr gut gemacht." Sie legte eine Hand auf ihren kugelrunden Bauch und die andere auf Ephraims Flanke. „Du darfst ihn nicht verkaufen."

Ephraim grinste von einem Eselsohr zum anderen. „Siehste, ätsch, bätsch, siehste!", sagte er zu Josef. Aber es hörte sich an wie: „I-ahhh."

Maria war hochschwanger und sie trug einen König in sich. Also, eigentlich war es noch ein Baby, aber es würde mal ein König sein, ein ganz besonderer. Und deshalb war Ephraim auch ein ganz besonderer Esel. Überdies war er der erste Vorsitzende der LNVBkA, der „Last- und Nutztiervereinigung zur Bekämpfung kapitalistischer Ausbeuter". Und außerdem ... nun ja, außerdem mochte er Maria und Josef und das kleine ungeborene Kind, das Jesus heißen sollte – er wollte bei ihnen bleiben.

„Ist ja schon gut", brummte Josef und kraulte Ephraim zwischen den Ohren, was dieser sich gnädigerweise auch gefallen ließ. „Ich will ihn ja auch gar nicht verkaufen. Aber du kannst unseren Jesus doch nicht hier bekommen."

Maria stöhnte leise.

Josefs Gesicht wurde so blass wie die sonnengebleichten Unterhosen der Wirtsfrau, die hinter ihm auf einer Leine flatterten. „Geht's schon los?", krächzte er.

„Um ehrlich zu sein", presste Maria hervor, „es fühlt sich ganz danach an."

„Au Backe …" Händeringend lief Josef auf und ab. „Was soll ich denn jetzt machen? Ich war doch schon überall."

Auch Ephraim wurde ganz aufgeregt. Der Kleine konnte doch nicht auf der kalten und schmutzigen Straße geboren werden. Ganz bestimmt hatte der Höchste sich das ganz anders vorgestellt. Ephraim dachte so angestrengt nach, dass ihm der Kopf wehtat. Es musste doch eine Lösung geben! Und plötzlich war es ihm fast so, als würde ihm jemand etwas ins Ohr flüstern, und es fiel ihm wie Schuppen von den Augen! Josef war doch noch nicht überall gewesen, er hatte etwas Entscheidendes vergessen! Ohne ein weiteres I-ahhh zu verlieren, wandte er sich um und galoppierte davon.

„Jetzt haut auch noch der Esel ab!", rief Josef verzweifelt.

„Lass nur", sagte Maria, „der kommt schon wieder."

Und so war es auch. Keine zehn Minuten später trabte Ephraim mit stolzgeschwellter Brust zu den beiden zurück. Ich hab was gefunden, verkündete er stolz. „I-ahhh!"

Maria lächelte ihm zu. Sie wirkte etwas entspannter, die Wehe hatte wohl ein wenig nachgelassen.

Josef stand auf und stemmte die Fäuste in die Hüften. „Da bist du ja wieder", knurrte er, „du solltest dich schämen."

Kommt mit, schnell, verkündete Ephraim, und schüttelte ungeduldig den Kopf.

„Ich glaube, er will uns etwas sagen", meinte Maria.

„Ich verstehe immer nur I-ahhh", brummte Josef.

„Setz mich einfach auf seinen Rücken", schlug Maria vor.

Josef murmelte etwas Unverständliches und tat dann wie geheißen. Unverzüglich marschierte Ephraim los, wobei er sich darum bemühte, so sanft wie möglich auszuschreiten. Und dann ein paar Hundert Meter später machte er halt.

„Ein Stall?", fragte Josef skeptisch.

Dann setzte Marias nächste Wehe ein und die Entscheidung war gefällt. Josef half Maria von Ephraims Rücken und sie lehnte sich schwer atmend an einen Pfosten.

„Alle aus dem Weg, macht Platz, Leute", rief Ephraim.

„Schon gut, kein Problem", brummte Onesimus der Ochse und zwängte sich in eine Ecke. Auch die beiden Schafe rückten aufgeregt beiseite. „Und wo ist nun der Friedenskönig, der Sohn des Höchsten?", blökte eines und reckte den Hals.

„Noch im Bauch, du Schaf", erwiderte Ephraim. „Vielen Dank, dass ihr euren Stall zur Verfügung stellt, Jungs."

„Hey, das ist doch Ehrensache", meinte Onesimus und die beiden Schafe nickten.

Ephraim warf einen skeptischen Blick auf den Stallboden. „Ihr hättet allerdings ein bisschen sauber machen können", beschwerte er sich.

„Aber wir wussten doch gar nicht, dass ihr kommt", verteidigte sich eines der Schafe.

„Auch wieder wahr."

Josef schob derweil mit den Füßen den Mist beiseite und versuchte, aus Stroh und Heu ein weiches Lager zu bauen. Seine Hände zitterten leicht.

„Oh", keuchte Maria plötzlich, „ich glaube, jetzt ist es so weit." Ihr Gesicht war jetzt beinahe so blass wie das von Josef und sie schien starke Schmerzen zu haben.

Josef ließ einen Heuballen fallen und sprang zu ihr hinüber, um sie sanft auf den Boden zu betten. „Wo finde ich denn jetzt nur eine Hebamme?", murmelte er verzweifelt.

„Gar nicht", presste Maria hervor, „du bist die Hebamme."

„Aber ... aber ich hab doch gar keine Ahnung ... So was ist doch Frauensache ..."

„Heute nicht." Maria verzog vor Schmerzen das Gesicht. Als die Wehe vorüber war, fügte sie hinzu: „Glaubst du, der Höchste hätte dich dazu auserwählt, seinen Sohn großzuziehen, wenn er dir das nicht zutrauen würde?" Sie legte ihre Hand an Josefs bärtige Wange. „Du wirst das großartig machen!"

Josef wischte sich den Schweiß von der Stirn und lächelte etwas zerknittert. „Na ja, ich war schon mal bei der Geburt eines Lammes dabei ..."

Die nächste Wehe kam und die Diskussion endete abrupt. Ephraim schluckte. So eine Geburt war eine ganz schön schmerzhafte und harte Sache. „Kommt, Leute, dreht euch um, gönnt ihnen wenigstens ein wenig Privatsphäre."

„Ich kann sowieso kein Blut sehen", blökte eines der Schafe und drehte den Kopf zur Wand.

„Meinst du nicht, es könnte den Sohn des Höchsten stören, wenn er sich als Erstes auf der Welt unsere Hinterteile ansehen muss?", fragte Onesimus besorgt, während er umständlich zu wenden versuchte.

„Ich glaube, der Höchste weiß genau, worauf er sich einlässt", erwiderte Ephraim.

Die Zeit zog sich hin. Bange starrten die Tiere die Holzwand an. Ephraim sandte leise flüsternd ein Stoßgebet nach dem anderen zum Himmel. Und als ihm nichts mehr einfiel, versuchte er, sich abzulenken, indem er die Astlöcher in den Brettern zählte.

Und dann endlich, endlich vernahmen sie den zarten Schrei eines neugeborenen Kindes.

„Hurra", rief eines der Schafe und drehte sich so schnell um, dass es sich mit den Beinen verhedderte.

Auch Ephraim wandte sich um. Sein Herz trommelte vor Aufregung wie ein galoppierendes Pferd. Da sah er, wie Josef den kleinen Jungen in ein weiches Tuch wickelte und Maria in den Arm legte. Ganz erschöpft und zugleich ganz glücklich sahen die beiden aus. Ihre Augen strahlten.

Auf Hufspitzen schlich Ephraim sich näher; die anderen Tiere folgten ihm. Ein rosiges und etwas verquollenes Gesichtchen lugte aus dem warmen Tuch hervor.

„Oh wie süß", flüsterte eines der Schafe, das sich neben Ephraim gequetscht hatte.

„Aber ein bisschen zerknautscht sieht er aus", meinte das andere Schaf.

„Kein Wunder, er hat ja auch einiges hinter sich", brummte Onesimus der Ochse. „Ich frage mich, warum der Sohn des Höchsten so etwas auf sich nimmt."

Ephraim sagte nichts. Die Welt sah ein bisschen verschwommen aus, aber das lag wohl an den Tränen, die in seinen Eselsaugen standen. Der neugeborene König des Friedens, der Sohn des Höchsten, blinzelte in das schummrige Licht des Stalls.

Ephraim war sich nicht sicher, denn wie gesagt, er sah alles etwas verschwommen, aber für einen Augenblick schien es ihm, als würde der winzige Jesus ihn ansehen und ihm heimlich zublinzeln.

„Willkommen, Jesus", flüsterte er, „willkommen!"

Der Freudenbringer

Martin Luther

Jesus kam als Freudenbringer. Die Freude, die wir bei einem glücklichen Kind sehen, ist nur ein Bruchteil der Freude, die im Herzen Gottes wohnt.

Das Evangelium ist die frohe Botschaft von Christus, unserem Erlöser. Wer richtig predigt, der predigt das Evangelium und nichts als Freude. Welch größere Freude könnte es für uns geben, als zu wissen, dass Christus für uns gegeben wurde? Der Verkündigungsengel sagt nicht einfach nur: „Christus ist heute geboren", sondern er drückt aus, dass uns seine Geburt unmittelbar angeht, indem er sagt: „euer Retter".

Im Kern des Evangeliums geht es nicht nur darum, etwas über das Leben und Wirken Jesu zu erfahren, sondern um die persönliche Bedeutung, die dieses Leben für jeden hat, der glaubt. Unabhängig davon, wie schlecht es gepredigt wird, hört das Herz das Evangelium der Freude. Sie durchbricht alle Mauern und entfaltet ihren wunderbaren Klang.

Die beste Weihnachtspredigt

Stephen Cottrell

Vor ein paar Jahren krabbelte die kleine Miriam in der Kirche mitten in der Christvesper ganz nach vorne zur Krippe. Sie kann damals nicht älter als zwei oder drei gewesen sein. Mehrere Minuten lang stand sie vor der Krippe und schaute ganz versunken auf die Figuren. Und dann kroch sie ganz vorsichtig, wie um das Baby nicht zu wecken, in den Stall und setzte sich hin. Und immer, wenn die Leute die Krippe anschauten und die Hirten, die Engel, Ochs und Esel, Maria, Josef und den kleinen Jesus sahen, sahen sie auch Miriam. Sie blieb dort bis zum Ende des Gottesdienstes sitzen und war glücklich, Teil der Weihnachtsgeschichte geworden zu sein. Sie war die beste Weihnachtspredigt, die ich jemals erlebt habe.

Ich steh an deiner Krippen hier

Paul Gerhardt

Ich steh an deiner Krippen hier,
o Jesu, du mein Leben;
ich komme, bring und schenke dir,
was du mir hast gegeben.
Nimm hin, es ist mein Geist und Sinn,
Herz, Seel und Mut, nimm alles hin
und lass dir's wohlgefallen.

Ich sehe dich mit Freuden an
und kann mich nicht sattsehen;
und weil ich nun nichts weiter kann,
bleib ich anbetend stehen.
O dass mein Sinn ein Abgrund wär
und meine Seel ein weites Meer,
dass ich dich möchte fassen!

Eins aber, hoff ich, wirst du mir,
mein Heiland, nicht versagen:
dass ich dich möge für und für
in, bei und an mir tragen.
So lass mich doch dein Kripplein sein;
komm, komm und lege bei mir ein
dich und all deine Freuden.

Das Lied von der Stillen Nacht

Titus Müller

"Stille Nacht" zählt zu den erfolgreichsten Liedern der Menschheitsgeschichte. Es ist in mehr als 300 Sprachen übersetzt und gehört zum Unesco-Kulturerbe.

Seinen ersten Auftritt hat das Lied zu Weihnachten 1818 in der Sankt-Nikolaus-Kirche in Österreichisch Laufen. Franz Gruber und Joseph Mohr – der Komponist und der Dichter des berühmt gewordenen Liedes – singen es höchstwahrscheinlich im Anschluss an den Gottesdienst, unten vor der aufgebauten Krippe. Die folgende Szene gibt einen Einblick, wie die Geschichte sich damals abgespielt haben könnte ...

Hatte er damals nicht ein Lied geschrieben? Und ging es nicht genau darum in diesem Gottesdienst? Franz hatte schöne Harmonien dazu erfunden und eine schlichte, feine Melodie. Wenn sie den Leuten das Lied beibringen würden, würde es sie berühren. Aber er brauchte Franz, der mit seinem Bass mitsang, und dann könnte Franz das Lied nicht gleichzeitig auf der Orgel begleiten. Es sei denn, sie würden von oben herab singen. Das aber würde Distanz und Kühle erzeugen.

Und wenn sie es wie neulich spielten, mit der Gitarre? Eine Gitarre in der Kirche, Pfarrprovisor Georg Heinrich Joseph Nöstler würde toben. Die Gitarre galt als Wirtshausinstrument, der Pfarrprovisor schaute eine Gitarre nicht mal von der Seite an.

Aber sie mussten beim Singen nahe bei den Menschen stehen, sie brauchten das, sie brauchten heute jemanden, der ihnen Frieden in die Herzen legte.

Aufgewühlt ging er auf die linke Seite des Altars und betete das Schlussevangelium nach Johannes. Er trat zur Mitte, nahm den verdeckten Kelch, ging die Stufen hinunter, machte einen Kniefall und verließ mit den Messdienern den Saal. In der Sakristei stellte er den Kelch ab. Würde Franz mitmachen? Mit heftig klopfendem Herzen nahm er die Gitarre und das Textblatt. Die Messdiener machten große Augen.

„Kommt", sagte er, „das solltet ihr nicht verpassen."

Er trat zurück in den Saal, in dem sich die Gottesdienstbesucher gerade erhoben. Als sie die Gitarre in seiner Hand sahen, stutzten sie und blieben zwischen den Bänken stehen.

„Franz", rief er zur Orgel hoch, „würdest du für ein Lied runterkommen?"

Franz stand von der Orgelbank auf. Er sah zu Joseph herunter, fragend.

Joseph hob die Gitarre.

Da begriff der Freund. Er nickte. Auch seine Anstellung stand auf dem Spiel. Schon wenn er ein Lied mit einem tändelnden, hüpfenden Nachspiel auf der Orgel beendete, gab es wochenlang Ärger, das schicke sich nicht in der Kirche, beschwerten sich einzelne Kirchenmitglieder, das sei weltliche Musik gewesen. Aber nicht einen Augenblick zögerte Franz, er kam sofort herunter.

„Wir wollen zum Schluss noch ein Lied singen", sagte Joseph. „Die Melodie stammt von Franz Gruber, der Text von mir. Wir widmen es allen Ehepaaren, die mit der Unvollkommenheit des Menschen ringen, und allen Alleinstehenden, die sich schuldig fühlen und nicht wissen, wohin mit ihrer Schuld. Wir widmen es denen, die verloren sind. Denn wir alle sind gefunden worden von einem, der Meister im Finden verlorener Menschen ist, von Jesus Christus."

Er stellte sich vor die Krippe und die Figuren, Franz kam neben ihn, und er reichte dem Freund das Textblatt. Dann hob er die Gitarre vor seine Brust und sagte: „Diese Gitarre hat meinem Vater gehört. Ich habe ihn nie kennengelernt. Ich bin euer Priester, aber ob ihr es glaubt oder nicht: Ich bin genauso verletzt und hilfsbedürftig wie ihr. Deshalb stehen wir alle vor Gott und danken ihm. Ja, wir danken! Denn er hat unsere Not gesehen."

Er zupfte die ersten Saiten. Noten brauchte er nicht, er improvisierte die Begleitung, die Melodie hatte er noch im Ohr. Nie war er über seine jahrelange musikalische Ausbildung froher gewesen als heute.

Sie holten Luft, Franz und er, und sangen:

Stille Nacht! Heilige Nacht!
Alles schläft. Einsam wacht
Nur das traute heilige Paar
Holder Knab' im lockigen Haar;
Schlafe in himmlischer Ruh!
Schlafe in himmlischer Ruh!

Erträumten sich nicht alle eine solche Familie? Die Eltern hielten Wache beim Kind, es lag still und friedlich in der Krippe. Dabei war auch bei Jesus nicht alles in Ordnung gewesen. Die kleine Familie hatte sich vor mörderischen Verfolgern verstecken müssen, und Joseph hatte Zweifel gehabt, ob Maria ihn nicht betrogen hatte. Ihn hatten erst Engel überzeugen müssen. Doch auch danach war vor den Augen der Leute noch eine Schande da gewesen.

Stille Nacht! Heilige Nacht!
Gottes Sohn! O! wie lacht
Lieb' aus deinem göttlichen Mund,
Da uns schlägt die rettende Stund';
Jesus! in deiner Geburt!
Jesus! in deiner Geburt!

Er dachte an das Gnadenbild von Mariapfarr, wo er in der großen romanisch-gotischen Hauptkirche Gottesdienste gehalten hatte. Darauf hatte Jesus auf dem Schoß seiner Mutter gesessen, mit lockigem Haar und diesem freundlichen Gesicht.

Stille Nacht! Heilige Nacht!
Die der Welt Heil gebracht,
Aus des Himmels goldenen Höh'n
Uns der Gnaden Fülle lässt seh'n:
Jesum in Menschengestalt!
Jesum in Menschengestalt!

Stille Nacht! Heilige Nacht!
Wo sich heut alle Macht
Väterlicher Liebe ergoss
Und als Bruder huldvoll umschloss
Jesus die Völker der Welt!
Jesus die Völker der Welt!

Stille Nacht! Heilige Nacht!
Lange schon uns bedacht,
Als der Herr vom Grimme befreit,
In der Väter urgrauer Zeit
Aller Welt Schonung verhieß!
Aller Welt Schonung verhieß!

Der Introitus fiel ihm ein, in dem der Bibeltext aus dem Kapitel 18 des Buches der Weisheit gesprochen wurde: „Als tiefes Schweigen das All umfing und die Nacht bis zur Mitte gelangt war, da kam, o Herr, dein allmächtiges Wort vom Himmel, vom Königsthron herab."

Stille Nacht! Heilige Nacht!
Hirten erst kundgemacht
Durch der Engel „Hallelujah!"
Tönt es laut bei Ferne und Nah:
„Jesus der Retter ist da!"
„Jesus der Retter ist da!"

Die letzten Töne des Liedes hallten nach. Dann war es still in der Kirche.

Kostbarkeiten aus dem Schuhkarton

Ute Kordes

Es ist der vierte Advent 2003. Um uns herum ist es stockfinster. Der altersschwache, klapperige Kleinbus holpert über die kaputten und vereisten Landstraßen Moldawiens. Hinter uns der LKW, der eine wertvolle Fracht mit sich führt: unzählige, liebevoll gefüllte Schuhkartons aus Deutschland.

Während ich unsanft durchgeschüttelt werde, versuche ich, meine Gefühle zu sortieren. Noch nie zuvor war ich in einem Land, in dem eine derart große Armut herrschte. In der ehemaligen Kornkammer Russlands gibt es seit der Unabhängigkeit große Arbeitslosigkeit. Eltern lassen ihre Kinder in Waisenhäusern zurück, damit sie im Ausland arbeiten können. Die medizinische Versorgung ist unzureichend. Ich hörte von einem Mann, der an einem entzündeten Zahn starb, da er kein Geld für den Arzt und Antibiotika hatte. Heute hatte ich gesehen, wie sich die Erwachsenen nach der Verteilung um die leeren Versandkartons stritten. Wozu benötigten sie leere Kartons? Vielleicht zum Isolieren der Häuser? Auch die glanzlosen Kinderaugen haben sich tief bei mir eingeprägt. Was haben diese Kinder gesehen oder erlebt, dass sie ihre Fröhlichkeit verloren haben? Angesichts der großen Not fühle ich mich wie gelähmt.

Doch heute habe ich auch noch einen anderen Eindruck gewonnen. Eine Baptistengemeinde hatte erfahren, dass deutsche Christen in der Nähe waren. Extra für uns hatten sie gegen Abend einen Gottesdienst organisiert. Wir wurden gebeten, Lieder vorzutragen und Grußworte zu sprechen. Es war eine wunderbare Atmosphäre, geprägt von Gemeinschaft und dem Wissen um die tiefe Glaubensübereinstimmung. Übersetzt wurde uns das Gesagte von Violetta. Sie ist Mitarbeiterin bei „Little Samaritan Mission", der Organisation, die in Moldawien für die Verteilungen der Pakete von „Weihnachten im Schuhkarton" verantwortlich ist. Ich spüre noch die herzlichen Umarmungen der Frauen mit ihren freundlichen, tief gefurchten Gesichtern und typischen bunten Kopftüchern. Wie wunderbar ist es, zur großen weltweiten Gemeinschaft der Christen zu gehören.

Obwohl es schon spät war, sollten wir in einem weiteren Ort noch die Mitglieder einer Hausgemeinde besuchen, die sich ein Treffen mit uns erhofften. Ich staunte, als wir die zwei kleinen, überfüllten Stuben betraten und mit herzlichem Applaus begrüßt wurden. Der Pastor aus Cahul, der mit uns reist, hielt eine flammende Ansprache. Erneut wurden wir aufs Herzlichste verabschiedet.

Inzwischen ist es ziemlich spät. Unsere Gruppe ist müde von den vielen Verteilungsaktionen bei Eiseskälte. Aber Violetta hat erzählt, dass ihr Missionsradiosender uns für heute noch in einem kleinen Ort angekündigt hat.

Außer dem Pastor und Violetta begleitet uns noch Peter, unser Fahrer. Wir reisen in seinem Bus, mit dem er normalerweise eine Buslinie in der Hauptstadt Chisinau fährt. Auf den rückwärtigen Bänken sitzen vier Waisenkinder. Sie sind bei den Aktionen am musikalischen Rahmenprogramm beteiligt und haben das Glück, bei „Little Samaritan Mission" leben zu dürfen und nicht in einem heruntergekommenen staatlichen Waisenhaus. Ich beobachte Ruslan. Er ist der Jüngste in unserer Gruppe. Mit leuchtenden Augen schmiegt er sich an Andreas und freut sich über dessen ungeteilte väterliche Aufmerksamkeit. Andreas ist ebenso wie Martina und Elke Mitarbeiter bei „Geschenke der Hoffnung". Für vier weitere sympathische junge Leute einer Baptistengemeinde gab es keinen Sitzplatz mehr. Sie klammern sich an die Haltestangen. Spontan haben sie beschlossen, mit uns zu kommen, um uns mit Gebet, Gesang und Gitarrenmusik zu unterstützen. Unsere Gruppe wird wieder munter, als die Waisenkinder Lieder anstimmen. Unsere neuen moldawischen Freunde stimmen ein, und wir lassen uns mitreißen von fröhlichen und tragenden Melodien, wobei wir Deutschen in Ermangelung des Textes nur summend mitmachen können. Ich genieße die Stimmung und wünsche mir, dass die Fahrt nie zu Ende gehen möge.

Wir nähern uns dem Ort Antonesti im Süden Moldawiens, an der Grenze zu Rumänien. Aber in der Finsternis sind keine Häuser zu erkennen. Wir wissen, dass viele Moldawier sich keinen Strom leisten können, aber wo sollen wir hier in der menschenleeren Gegend Schuhkartons verteilen? Nur schwarze Finsternis umgibt uns.

Wie von Geisterhand treffen die Lichtkegel der Scheinwerfer in diesem Augenblick auf Menschen. Sprachlos beobachten wir, wie der Bus in Sekundenschnelle von einer jubelnden Menschenmenge umringt wird. Jeder will uns zuerst begrüßen, sodass es fast unmöglich ist auszusteigen. Nach und nach verlassen alle dennoch den Bus und bahnen sich einen Weg in Richtung Schule. Doch ich bin noch nicht bereit. Vergeblich versuche ich, meine Tränen zurückzudrängen. Wie viele Stunden mögen diese Menschen in der großen Kälte auf uns gewartet haben? Sind sie etwa alle zu Fuß aus den umliegenden, weit verstreut liegenden Dörfern gekommen? Wie viel Hundert Menschen mögen es wohl sein?

Dann wage ich mich in die begeisterte Menge. Vor der Schule haben die Waisenkinder ihr Keyboard aufgebaut. Ruslan und seine Schwester Dorina haben sich wieder als Maria und Josef verkleidet und tragen die einfache Krippe mit einer Puppe als Jesuskind nach vorne.

Ein Raunen geht durch die Menge. Erkennen die Menschen die Bedeutung der Krippe? Ist das Raunen der Ausdruck von Freude? Wann wurde die Botschaft von Jesus zum letzten Mal in dieses vom Kommunismus geprägte

Dorf getragen? Gespannte Ruhe kehrt ein. Eine nackte Glühbirne beleuchtet das Geschehen. Gemeinsam singen wir für die vielen Menschen, die nicht einmal wussten, dass wir Geschenke für die Kinder mit uns führen. Der Pastor ergreift das Wort und berichtet von der Hoffnung, die uns Christen erfüllt und die mit der Geburt Jesu in diese dunkle Welt gekommen ist.

Ich schaue hinauf zu den Millionen von glitzernden Sternen, die in dieser Finsternis besonders intensiv leuchten. Ich fühle mich reich beschenkt, denn diese Hoffnung gilt auch mir.

Herr des Himmels menschennah

Thea Eichholz-Müller

Du bist der feste Grund, auf dem wir stehn
Du bist das Licht, wenn wir im Dunkeln gehen
Du bist das Ziel, das in uns lebt
Die Heimat, die's nur einmal gibt
Du bist der Fels, der sichre Ort
Wir glauben deinem Liebeswort

Du wurdest Mensch, du ewig großer Gott
Du bliebst nicht fern, du kamst in unsre Not
Du großer König wurdest Kind
Auf dass wir nicht verlassen sind
Wer kann es fassen, was geschah?
Der Herr des Himmels – menschennah

Auf deinen Schultern liegt die Last der Welt
Hast gnadenlos dich unsrer Schuld gestellt
Du bist der Weg, die offne Tür
Du gabst dich selbst, dein Leben her

Wer kann es fassen, was geschah?
Die Liebe Gottes – menschennah

Du bist das Wort, das ewig steht und gilt
Das Wasser, das den Durst nach Leben stillt
Der Prinz des Friedens – er ist da
Halleluja, halleluja
Wer kann es fassen, was geschah?
Der Herr des Himmels – menschennah

Halleluja, halleluja
Der Herr des Himmels – menschennah

Text und Musik: Thea Eichholz
© 2007 Gerth Medien Musikverlag, Asslar

Weihnachten am Gründonnerstag

Andi Weiss

„Aus einer schönen Schüssel kann man nicht essen!", „Narrenspiel will Raum haben" – solche Sprüche hatte meine Oma auf Lager und platzierte sie immer jeweils gekonnt zur richtigen Zeit. So auch: „Der Krug geht so lange zum Brunnen, bis er bricht."

Brüche gehören zum Leben dazu. Krisen sind unvermeidbare Bestandteile unseres Lebens. Da zerbrechen Lebensträume, Beziehungen scheitern, Menschen geben sich auf. Da wackeln die Fundamente des Lebenshauses, und nicht selten beurteilen Menschen von außen, wie diese Krise zu vermeiden gewesen wäre.

Das chinesische Schriftzeichen für „Krise" besteht aus zwei Teilen. Der obere Teil bedeutet „Gefahr" und der untere „Chance". Was ist denn dann eine Krise? Eine gefährliche Chance oder besteht mitten in der Krise die Chance für eine Neuorientierung im Leben?

Ich war zu einer Jugendwoche eingeladen. Jeden Abend sprach ich über verschiedene Themen des Glaubens. Für den letzten Abend war ein Abschlussgottesdienst geplant, in dem es um Liebe und Annahme gehen sollte. Nachmittags fuhr ich, wie an jedem Tag, durch die Landschaft, um mich bei einem Waldspaziergang auf die Abende vorbereiten zu können. An einer Kreuzung musste ich wegen einer Baustelle stehen bleiben und den Bus wenden. Mit unserem großen Gemeindebus ein schwieriges Unterfangen. Gott sei Dank kam aber ein Mann aus dem Hof und half mir, sodass ich es trotz der kleinen Wendemöglichkeit schaffte.

Kurz bevor ich wieder weiterfahren wollte, winkte er mich noch einmal heran. Ob ich Weihnachtsschmuck kaufen möchte? Was ist denn das für eine Frage? Wir waren gerade in der Karwoche! Was will ich denn jetzt mit Weihnachtsschmuck. Nun gut. Nein sagen gehört nicht zu meinen Stärken und immerhin hatte er mir ja so freundlich geholfen – außerdem bin ich ein furchtbar neugieriger Mensch und freue mich immer auf neue Begegnungen.

Ich stieg also aus dem Bus aus und wir gingen in seinen Stall. Dort stapelten sich tatsächlich jede Menge Kisten voll mit Weihnachtsschmuck. Ich suchte mir die Kugeln aus, die ich am wenigsten hässlich fand, und wollte zahlen und gehen. Ach, das war ja fast wie im Orient. Er begann zu handeln. Wollte, dass ich einen geringeren Preis zahle, wollte, dass ich gemeinsam mit ihm um einen guten Preis ringe.

„Du kannst übrigens Hannes zu mir sagen."

Mir schlug seine Alkoholfahne ins Gesicht.

„Ich schenke dir diese Kugel, wenn du auch noch diese Christbaumspitze kaufst …!"

So ging es hin und her. Mein Argument, dass ich eigentlich gar keinen Weihnachtsbaumschmuck brauche, da wir zu Hause nie einen Weihnachtsbaum haben, weil wir immer bei unseren Eltern Weihnachten feiern, zog nicht so ganz. Also gut. Ich war dann irgendwann für die nächsten Jahre eingedeckt, zahlte und wollte jetzt aber wirklich gehen.

Er war aber noch nicht fertig. So schnell würde ich wohl diesen Ort nicht verlassen. Erst wollte er mir noch seinen Hof zeigen. Auch das würde ich noch überleben. Er zeigte mir die verschiedenen Ställe. Als wir in den letzten Stall kamen, deutete er auf einen Galgen und meinte: „Und hier hänge ich mich in den nächsten Tagen auf!"

Meine Güte, damit hatte ich nicht gerechnet.

Wir landeten in seiner Küche. Das Holz im Ofen knackte, es roch nach altem Essen, er öffnete sich eine Flasche Bier und begann zu erzählen. Arbeit weg, Geld weg, Frau und Kinder weg, Tiere und Maschinen von seinem Hof weg. „Mich würde doch sowieso keiner vermissen! Mich braucht doch keiner!", sagte er. Was will man da noch machen? Als einziger Ausweg schien für ihn der Strick übrig zu bleiben. Wir unterhielten uns. Ich wollte mehr von ihm und seiner Geschichte erfahren, wollte wissen, wie sich dieses Schicksal in seinem Leben zusammengebraut hatte. Mir fällt es in solchen Momenten sehr schwer, den Menschen „das liebe Jesulein" als Antwort auf Beziehungskrisen, Arbeitslosigkeit und Geldmangel anzubieten. Ich habe es zu oft erlebt und erzählt bekommen, dass Menschen mit platten Floskeln ihr Gegenüber nicht ernst genommen und dadurch die

Situation eigentlich nur verschlimmert haben. Trotzdem lud ich ihn am Schluss unseres Gesprächs für den kommenden Donnerstag in den Abschlussgottesdienst ein.

„Mal sehen", sagte er, „ich bin kein so guter Kirchgänger. Ich hab mir das Hoffen abgewöhnt! Ich bin zu oft enttäuscht worden!"

Ich fuhr los.

Am Donnerstag war es dann so weit. Der Gottesdienst begann. Ich drehte mich um und schaute in die Gemeinde. Die Kirche war gerammelt voll – aber Hannes war nicht da. Ich war enttäuscht. Dann – mitten in der Begrüßung – ging die Tür auf. Es war Hannes. Laut polternd lümmelte er sich in die letzte Bank im Kirchschiff. Es folgten Lieder, eine Predigt und dann feierten wir Abendmahl. Ich lud ein: „Kommt, seht und schmeckt – Gott ist ein freundlicher Gott!" Ich sah, wie Hannes mit den anderen Menschen aufstand und nach vorne wankte, um in der großen Runde seinen Platz einzunehmen. Am Ausgang drückte er mir mit Tränen in den Augen ein Stück Papier in die Hand.

„Hier, für einen guten Zweck. Die Menschen brauchen euch. Ich habe nach vielen Jahren zum ersten Mal gehört, dass ich geliebt bin – trotz all dem Mist, den ich bisher gebaut habe. Ich habe so oft gehört, was ich alles falsch mache und wo ich mich lieber nicht blicken lassen soll! Mir haben die Menschen immer gesagt, wie ich sein müsste, um irgendwo dazugehören zu können. Heute habe ich von euch gehört, dass ich dabei sein darf und dafür nichts zu leisten habe!"

Das waren genau die zehn Euro, die ich ihm für den Weihnachtsschmuck gezahlt hatte. Ich war gerührt. Erst vor ein paar Wochen – also über zehn Jahre später – habe ich gehört, dass Hannes nun „trocken" ist. Der Pfarrer vor Ort hatte sich über viele Jahre um ihn bemüht und ihn begleitet.

Was für ein Wunder! Die Krise als Chance für einen Neuanfang – mitten in der Gefahr.

Meine Eltern haben mir bei meiner Taufe den Psalm 37,5 als Taufspruch gegeben: „Befiehl dem Herrn deine Wege und hoffe auf ihn, er wird's wohlmachen." Wie gut, dass wir einen Gott haben, dem wir uns und unser Leben anbefehlen können. Mit unseren Stärken – aber auch mit unseren Schwächen und Fehlern. Gott sei Dank ist Gottes Ja größer als unseres. Gott sei Dank dürfen wir mitten in der Krise die Chance der Neuorientierung entdecken und nach dem Wozu anstatt dem Warum fragen. In Psalm 23 heißt es: „Und ob ich schon wanderte im finstersten Tal, fürchte ich mich nicht. Denn du bist bei mir!"

Gott sei Dank müssen wir die Krisen unseres Lebens nicht alleine durchstehen.

Weihnachten heißt: Er ist da

Jürgen Werth

Weihnachten heißt: Er ist da. Der Himmel berührt die Erde. Gottes Licht scheint mitten in den Nächten der Welt und des Lebens. Christus ist geboren. Der Heiland ist zur Welt gekommen. Der Erlöser. Gott bekommt buchstäblich Hand und Fuß. Einen Blick, ein Gesicht, eine Stimme.

Gott selber durchbricht das Gebot, das er selbst den Menschen gegeben hat:

Du sollst dir kein Bildnis machen in irgendeiner Gestalt, weder von dem, was oben im Himmel, noch von dem, was unten auf Erden, noch von dem, was im Wasser unter der Erde ist (5. Mose 5,8).

Nur Gott darf dieses Gebot brechen. Nur er kann es. Gott wird sichtbar. Hörbar. Fassbar. Erfahrbar.

Wie viel Halt vermittelt dieses Fest! Alle unsere Nächte sind nicht auf ewig dunkel. Gott ist mittendrin. Das Licht von Weihnachten scheint auch dann noch, wenn die Weihnachtsbäume längst kompostiert sind.

Der hausgemachte Heiligabend

Ella Ruth Rettig

Woher mir die Idee für ein Familien-Krippenspiel kam? Ich bin nicht mehr sicher. Alles, was ich sagen kann, ist: Zu der Zeit, als mir die Idee kam, fühlte ich mich, als ob ich nie wieder Weihnachten erleben würde.

Es war Juni. Ich hatte gerade eine heftige Krebstherapie hinter mir, die nicht ganz erfolgreich verlaufen war. Einmal im Monat reiste ich vierhundert Kilometer nach Houston zur Chemotherapie. Wenn ich wieder zu Hause war, fühlte ich mich todkrank.

Die Tage waren lang. Mein Mann Gene ist Elektriker, und wir leben auf einem Hügel in einer ländlichen Gegend mitten in Texas. Die Landschaft dort ist wunderschön, aber ich hatte keine Energie, um rauszugehen. Ich saß nur am Fenster und beobachtete, wie unser Pferd von der Scheune in den Schatten des Maulbeerbaums trabte. Ich hatte meinen Appetit und mein Haar verloren, aber, was am schlimmsten war: Manchmal ging es mir so schlecht, dass es mir egal war, ob ich überhaupt wieder gesund werden würde.

Meine Familie versuchte mich aufzuheitern, aber ich konnte mich auf nichts richtig konzentrieren. Deshalb versuchte ich, ein kleines Spiel mit mir selbst zu spielen. „Wirf all diese dunklen Gedanken über Bord, Ella Ruth", sagte ich zu mir selbst.

„Denk nur noch gute, aufheiternde Gedanken." Und als ich überlegte, was gut und aufheiternd war, kam ich auf Weihnachten, meine Lieblingszeit im Jahr.

Wenn ich nur, dachte ich, wenn ich nur spüren könnte, dass mich jeder Tag Weihnachten immer näher bringt.

Doch was sollte ich tun? Mit den Weihnachtseinkäufen schon so früh, also im Sommer, zu beginnen? Nein, das wäre blöd. Aber vielleicht könnte ich eine besondere Feier planen, die meine ganze Familie zusammenbringen würde. Natürlich sollte dabei die Geburt Jesu im Mittelpunkt stehen.

Was ich tun wollte, war Folgendes: Ich wollte die Weihnachtsgeschichte für meine Kinder zum Leben erwecken. Vielleicht mit einem Weihnachtsschauspiel ...

Ja! Aber wie? Wo? Womit? Mein Geist und mein Körper waren schwach. Wie sollte ich ein Spiel organisieren?

Ich betete: „Gott, ich möchte dich ehren, aber du musst mir zeigen, wie. Ich weiß noch nicht einmal, wo ich anfangen soll."

Langsam brachte mich Gott auf den Weg. Als ich aus

dem Fenster blickte, sah ich unsere Scheune und dachte: Da! Da ist die Krippe.

Ich wusste, wie die Handlung der Geschichte sein würde – sie stand ja im Lukasevangelium.

Dann überlegte ich, wer in meiner Familie welche Rolle spielen könnte. Und schon sah ich, dass wir eine perfekte Maria hatten: Meine Tochter Kristie war schwanger und erwartete ihr Baby im Februar. Ihr Mann Bobby hatte einen Bart. Er könnte Josef spielen. Die Engel und die Hirten? Meine Enkelkinder.

Das war meine Besetzung. Aber was sollten wir tun? In der Scheune rumstehen? Nein. Irgendwie musste ich ein einfaches Drehbuch entwerfen. Um Ideen zu bekommen, las ich sorgfältig das zweite Kapitel im Lukasevangelium und diverse Weihnachtsbücher.

Dann die Kostüme. Hatte ich wirklich die nötige Kraft, um sie zu nähen? Ich wollte nicht, dass mir irgendjemand half. Es sollte ein Geheimnis zwischen mir und Gott sein.

„Mach langsam", hörte ich Gott sagen, „und ich werde dir helfen." Ich ging es wirklich langsam an. Während meiner langen Nachmittage saß ich neben unserem alten Zedernbaumstamm und wühlte mich durch Erinnerungen an wundervolle Zeiten.

Da gab es den alten, mit Edelsteinen besetzten Kragen ... wie elegant hatte ich mich damals damit gefühlt, als mein Mann und ich uns gegenseitig kennenlernten. Jetzt sollte der Kragen die Krone für einen der drei Weisen sein. Eine schwarz-rote Häkeldecke ... welch liebevolle Handarbeit.

Meine Tochter Kristie hatte sie kurz vor ihrer Hochzeit für mich gemacht. Jetzt konnte sie einen Weisen aus dem Morgenland warm halten. Alte Gummi-Haarbänder und alte Handtücher konnten zusammengenäht als Kopfschmuck für die Hirten dienen.

Mit all den Dingen, die auf einmal wieder eine Verwendung erfahren würden, zog in mein Haus neues Leben ein.

An einem Tag jedoch, als ich einen Kissenbezug in ein Hirtengewand verwandelte, kamen mir plötzlich Zweifel. Würde das alles eine peinliche Blamage werden? Was, wenn meine Kinder und Enkel das Ganze für eine dumme, blöde Idee hielten? Würde der sechs Jahre alte Jeremy mit einem Blick auf den Kissenbezug sagen: „Vergiss es"?

Doch je länger ich darüber nachdachte, desto sicherer wurde ich, dass meine Familie – die eh gern „schauspielerte" – mit ganzem Herzen dabei sein würde. So hoffte ich zumindest.

Einen Monat vor Weihnachten weihte ich meinen Mann in mein Geheimnis ein. Ich brauchte ihn, damit er in seiner Werkstatt den Stern von Bethlehem und die Hirtenstäbe bastelte. Als wir zu meiner nächsten Chemotherapie nach Houston fuhren, war die Angst etwas weniger schlimm. Gene und ich hatten wichtige Details des Krippenspiels zu besprechen.

Und bevor ich mich versah, waren die Feiertage da. Ich hatte es so arrangiert, dass unsere ganze Familie an Heiligabend zu uns kam. Sie hatten schon irgendeinen Verdacht, als ich ihnen sagte, dass sie sich warm anziehen sollten.

Alles ging gut, bis einen Tag vor Heiligabend, als ein schwerer Regen einsetzte. Würden wir es bis zur Krippe in der Scheune schaffen? Gedankenverloren bemalte ich eine Königskrone und blickte ab und zu hoch, um zu sehen, wie es weiter schüttete.

Am Morgen des Heiligen Abends jedoch wachten wir bei klarem Himmel und strammem Nordwind auf. Bis zum Mittag war der Weg zur Krippe trocken.

Während des Abendessens war ich ein Nervenbündel voller Vorfreude. Ich konnte kaum einen Bissen zu mir nehmen, so nervös war ich. Während alle nach dem Essen beim Aufräumen halfen, blinzelten Gene und ich uns zu, dann schlüpfte er nach draußen, um den Stern zu installieren und alles in der Scheune vorzubereiten.

Nachdem das Geschirr aufgeräumt war, umringten mich alle, damit ich mit meinem Geheimnis rausrückte. Meine Zweifel kehrten zurück. Was, wenn sie sich drücken würden? Während ich die Kostüme und die ausgedruckten Sprechertexte austeilte, wagte ich es nicht aufzublicken, um die Reaktionen zu sehen. Aber dann sagte mein Sohn Mike ruhig: „Hey, Mama, ich habe dich ... lange nicht so aufgeregt gesehen."

Ich fühlte mich, als ob man mir gerade eine Dosis Mut zugesprochen hatte. Nachdem jeder umgezogen war, begann ich aus dem Lukasevangelium zu lesen, und das Krippenspiel nahm seinen Lauf. Josef und Maria („... die war schwanger") verließen das Haus, und ich wies ihnen den Weg. Da es keinen Raum in der Herberge gab, suchten sie

Zuflucht in der Scheune. Vom Fenster aus sahen wir zu, wie die Hirten auf das Feld liefen. Meine Schwiegertochter Donna trug eine alte Steppdecke als Umhang und ein Handtuch als Turban, und ihre Kinder Jeremy und Kerrie waren in alte Kissenhüllen gepackt.

Dann trat „der Engel des Herrn" zu ihnen (mein ältestes Enkelkind). Tracy war mit einem weißen Bettlaken umhüllt, und ihr Haar war mit einem Heiligenschein aus Lametta geschmückt. Ich knipste ein Licht an und „die Klarheit des Herrn leuchtete um sie". Weitere Engel – die kleine Kellie (Kerries Zwillingsschwester) und Stephanie – traten ins Licht. Die Engel verkündeten den Hirten „große Freude", und dann wanderten alle in Richtung Krippe. Ich folgte und ließ die Weisen allein im Haus.

In der Scheune war alles dunkel, außer einem kleinen Lichtschein, der auf Maria, Josef und das Baby (eine Puppe) fiel, das in Windeln gewickelt war. Engel, Hirten und mein Mann knieten oder standen im Schatten und waren ganz still.

Ich stand am Eingang und las die Geschichte von den Weisen aus dem Morgenland aus dem zweiten Kapitel des Matthäusevangeliums. Der handgemachte Stern von Bethlehem – eine Taschenlampe, die in einem Pappstern versteckt war – bewegte sich auf seiner Leine langsam in Richtung Scheune. Die Weisen (meine beiden Söhne Ron und Mike und unser Familienfreund David) folgten dem Stern und sangen, während sie über das Feld liefen: „Wir sind die drei Könige aus dem Morgenland."

Und dann waren die drei Weisen bei uns, in ihren juwelenbesetzten Roben, und überreichten ihre Geschenke, während ein Engel „Stille Nacht" sang. Danach sangen die Enkelkinder: „Zu Bethlehem geboren".

Und dann stimmten wir alle in „O du fröhliche" ein.

Das war alles, was ich geplant hatte. Aber keiner von uns konnte sich bewegen. Wir alle fühlten Gottes warme Gegenwart in dieser kalten dunklen Scheune.

Mein ältester Sohn Ron unterbrach sanft die Stille und sagte: „Ich glaube, wir sollten beten." Ron betete mit uns ein Lobgebet, danach sangen wir noch ein Weihnachtslied. Und noch eines. Wir alle wollten diese wunderbare Nähe Gottes noch ein wenig länger spüren.

Und in dieser Nähe fühlte ich mich nicht länger wie die Kranke in der Familie. Ich fühlte mich einfach als Teil von ihnen – einer guten, liebevollen Familie. Ich hatte meine Angst hinter mir gelassen. Meine Seele war voller Licht, ein neugeborenes Licht, zu dem Gott mich seit sechs Monaten geführt hatte. Es war das Strahlen der Krippe, ein Strahlen, bei dem Gott mich hatte mitwirken lassen.

Dies ist die Nacht

Kaspar Friedrich Nachtenhöfer

Dies ist die Nacht, da mir erschienen
des großen Gottes Freundlichkeit;
das Kind, dem alle Engel dienen,
bringt Licht in meine Dunkelheit;
und dieses Welt- und Himmelslicht
weicht hunderttausend Sonnen nicht.

Drum, Jesu, schöne Weihnachtssonne,
bestrahle mich mit deiner Gunst;
dein Licht sei meine Weihnachtswonne
und lehre mich die Weihnachtskunst,
wie ich im Lichte wandeln soll
und sei des Weihnachtsglanzes voll.

Sorry, wir sind leider ausgebucht

Thomas Joussen

Es gibt Sätze, die beenden in kürzester Kürze das Gespräch. Jeder einigermaßen sensible Mensch spürt sofort: „Da geht jetzt nichts mehr." Das Gegenüber will offensichtlich einfach nicht und garniert seine Ablehnung zumeist mit einem Wort aus der „Leider-Familie" – man weiß ja zumindest, was sich gehört …

Selbst das traute, hochheilige Paar hat diese Erfahrung gemacht und ist auf der Suche nach einer einfachen Unterkunft in einer Tour abgeblitzt. Dabei hätte Gott es sich ja einfach machen können. Für seinen Sohn hätte er mit einem Fingerschnippen ein 5-Sterne-Hotel oder eine luxuriöse Geburtsstation nach Bethlehem stellen können.

Hat er aber nicht. Es war kein Zufall, dass zunächst alle Türen verschlossen blieben. Und es war kein Zufall, dass am Ende ein Stall übrig blieb, in dem das Licht der Welt das Licht der Welt erblickte. Wir Menschen sind eben, wie wir sind: Wenn es nach Mühe riecht, müssen wir schon einen guten Tag erwischen. Wenn ein Wildfremder kommt und etwas von uns will, schon einen sehr guten ... Und selbst den anklopfenden Gott behandeln wir offenbar als Wildfremden. Dabei ist es solch ein Hochgenuss, wenn Unmögliches möglich gemacht wird, wenn ein Lächeln die Atmosphäre verändert, wenn Ja gesagt wird statt Nein, wenn Türen geöffnet werden, statt sie zu schließen. Eine Wette: Der heutige Tag bringt mindestens zehn Situationen, in denen wir den Unterschied machen können. Also: Lassen Sie uns anfangen!

Machet die Tore weit und die Türen in der Welt hoch,
dass der König der Ehre einziehe!
Psalm 24,9

Worte, die Mut machen

Susan Maycinik

„Könnte ich bitte den Geschäftsführer sprechen?"
Diese plötzliche Anfrage meiner Freundin erschreckte mich. Unser Abendessen in einer beliebten Pizzeria am Ort war eigentlich ganz unspektakulär verlaufen, und ich hatte keine Ahnung, warum Eileen den Geschäftsführer sprechen wollte.

Kurz darauf kam eine Dame an unseren Tisch, die sich als Geschäftsführerin vorstellte. „Was kann ich für Sie tun?", fragte sie zögernd, da sie wohl eine Beschwerde erwartete.

„Ich wollte Ihnen nur mitteilen, dass unsere Bedienung heute Abend wirklich außergewöhnlich zuvorkommend und freundlich war", sagte Eileen und schilderte dann mehrere Dinge, die die Kellnerin getan hatte.

Die Geschäftsführerin war sehr erleichtert und erfreut – ebenso wie die Kellnerin, die ängstlich in der Nähe gewartet hatte. Wir unterhielten uns noch ein paar Minuten. Eileen hatte diesen beiden hart arbeitenden Frauen eindeutig den Abend gerettet ... und mir eine wichtige Lektion über die Macht positiver Worte mitgegeben.

Wenn wir über die Sätze nachdenken, die wir so im Laufe eines Tages von uns gegeben haben, sind da immer einige, die wir am liebsten zurücknehmen würden. Zum Glück gibt es aber auch Sätze, die immer richtig sind – Worte, die Mut machen und Anerkennung signalisieren. Hier sind ein paar Beispiele:

„Das machst du wirklich gut!"
„Darf ich für Sie beten?"
„Wie geht es dir wirklich?"
„Was du neulich gesagt hast, hat mir weitergeholfen."
„Ich hatte Unrecht. Bitte vergib mir."
„Danke, dass du das gemacht hast."
„Habe ich Sie verletzt?"
„Was kann ich tun, um zu helfen?"
„Ich weiß sehr zu schätzen, dass du ..."
„Erzähl mir, wie dein Tag war."
„Bitte entschuldigen Sie."
„Ich liebe dich immer noch."
„Gott ist groß genug, um ..."
„Ich bin stolz auf dich."
„Du hast dich weiterentwickelt."
„Kommen Sie doch heute zum Abendessen vorbei."
„Ich habe dich vermisst."
„Ich freue mich für dich!"
„Ich habe für Sie gebetet."

„Das muss sehr schwer gewesen sein."
„Aber gern!"
„Du bist ein Segen."

*Es ist schön, den Augen dessen zu begegnen,
dem man soeben etwas geschenkt hat.*
Jean de la Bruyére

Advent

Jürgen Werth

Advent heißt: Ich halte Ausschau nach dem Heiland. Nach dem Heil. Nach dem, der mich heil machen will. Mich und meine Beziehungen. Die Welt und alle, die sich seine Heilbehandlung gefallen lassen.

Advent gibt meinem Leben Halt und Hoffnung, denn ich weiß: Ich warte nicht vergeblich. Gott tut immer, was er versprochen hat.

Eine Jungfrau wird schwanger werden und einen Sohn bekommen. Den wird man Immanuel nennen. Das bedeutet: „Gott ist mit uns!"
Matthäus 1,23; Hfa

Der Viadukt-Mann

Noor van Haaften

Es war bei der Ausfahrt Nr. 7 auf der Autobahn von Amersfoort nach Amsterdam. Dort stand eines Tages ein Mann auf dem Viadukt und winkte. So wie es manchmal Kinder tun in der Hoffnung, dass ein Autofahrer zurückwinkt. Diese Person aber war kein Kind, sondern ein Mann mit gut vierzig Jahren. Und was besonders merkwürdig war: In beiden Händen hielt er ein rundes, hölzernes Brettchen, ähnlich einem Tischtennisschläger, und winkte damit.

Als ich den Mann zum ersten Mal sah, war ich ein bisschen überrascht, mehr nicht. Ich nahm ihn kurz wahr, als ich mich der Überführung näherte, aber dann war ich schon unten hindurchgefahren, und mich beschäftigten andere Dinge. Als ich einige Tage später aber dieselbe Strecke fuhr und den Mann wieder sah, fragte ich mich, was da los war. Wieso winkt ein erwachsener Mann von einer Brücke aus mit zwei Tischtennisschlägern Autofahrern zu?

Nicht nur ich fand das Ganze merkwürdig, auch andere Menschen wunderten sich. Immer wieder hörte man etwas über diesen Menschen, der anscheinend jeden Tag stundenlang auf dem Viadukt stand. Für die Autofahrer, die auf dem Weg zur Arbeit täglich an der Stelle vorbeifuhren, wurde der Fremde allmählich zu einer vertrauten Figur. Sie gewöhnten sich daran, von seinem Winken begrüßt zu werden: zwei hölzerne Brettchen, die hochgehalten und hin und her geschwenkt wurden.

Bald wurde der unbekannte Mann bekannt. Ein Journalist schrieb in einer Zeitung über ihn und nannte ihn den Viadukt-Mann. Er hatte ihn aufgesucht, oben auf der Überführung, aber es war ihm nicht gelungen, Kontakt mit ihm herzustellen. Der Mann reagierte nicht auf Worte, sein Blick war starr, er sprach nicht.

Es wurde Herbst und mit dem Herbst kam der Regen. Der Viadukt-Mann ließ sich nicht davon abhalten, von der Brücke herabzuwinken. Während wir sicher und trocken in unseren Autos vorbeifuhren, stand er völlig durchnässt auf seinem gewohnten Platz und winkte uns zu. Die Sache war schon längst nicht mehr merkwürdig, sie war uns allen peinlich. Woher kam dieser Mann, warum stand er da? Und wie war es möglich, dass er nicht einmal bei so starkem Regen zu Hause blieb?

Die Situation muss jemanden sehr bewegt haben, denn eines Tages stand der Viadukt-Mann in hellgelber wasserdichter Kleidung auf der Überführung: lange Hosen, eine große Jacke und Kapuze. Wir Autofahrer atmeten erleichtert auf. Jetzt war der Mann wenigstens nicht mehr völlig ungeschützt. Jemand hatte sich um ihn gekümmert und ihm Regenkleidung geschenkt. Man munkelte, es sei der Journalist gewesen.

Der Herbst war vorbei, es war Anfang Dezember. Die Geschäfte waren weihnachtlich geschmückt, und das große Einkaufen hatte begonnen. Auch auf dem Viadukt wurde es weihnachtlich. Jemand hatte dem Viadukt-Mann ein Geschenk gemacht – ein kleines Weihnachtsbäumchen stand neben ihm. Es hatte sogar Lichter, und das fiel auf. In der Stoßzeit morgens früh, wenn es noch dunkel war, leuchteten oben am Viadukt kleine Weihnachtslichter. Daneben tauchte, im Schein der Autolampen, immer wieder die inzwischen vertraute Figur des winkenden Viadukt-Mannes auf.

Man fragt sich, warum niemand etwas unternahm, um dem Viadukt-Mann zu helfen. Die Frage habe ich auch mir selbst gestellt. Warum hast du nicht nachgefragt, warum hast du nichts unternommen? Warum haben wir alle, die da immer wieder vorbeifuhren, nicht eingegriffen? Warum haben wir zugelassen, dass ein einsamer Mann monatelang nach Autos winken musste? Warum war die einzige Hilfe für diesen Mann Regenkleidung und ein Weihnachtsbäumchen? Nun, es haben sich Menschen bei der Polizei gemeldet, doch ihr Anliegen wurde abgelehnt: Man habe nicht das Recht einzugreifen, weil der Mann aus eigenem Antrieb und freiem Willen auf dem Viadukt stehe. Außerdem gelang die Kontaktaufnahme zu ihm ohnehin nicht.

Eines Tages nahm die Geschichte dann doch ein Ende. Der Viadukt-Mann hatte seinen Platz oben auf der Überführung verlassen und sich unten, direkt neben der Autobahn, aufgestellt. Dass er dort stand und winkte, war nicht nur für ihn risikoreich, sondern auch für die Autofahrer, weil sie von ihm abgelenkt wurden. So wurde der Viadukt-Mann von der Polizei mitgenommen und kam in eine psychiatrische Anstalt. Daraufhin wurde auch seine Geschichte bekannt, jedenfalls soweit man sie in Erfahrung bringen konnte. Er soll Ingenieur gewesen und als politischer Flüchtling aus dem Mittleren Osten nach Deutschland gekommen sein. Seine letzte Tätigkeit in seiner Heimat war am Flughafen gewesen: Er hatte Flugzeuge zu ihrem Parkplatz gelotst. Als ihm in Deutschland kein politisches Asyl gewährt wurde, kam er nach Holland in ein Heim für Asylsuchende. Es hieß, er sei total traumatisiert gewesen, man habe nichts mit ihm anfangen können. Jeden Tag aber stand er pünktlich auf und ging zum Viadukt, um mit seinen zwei hölzernen Tischtennisschlägern Autofahrern zuzuwinken. Meinte er vielleicht, dass er sie lotsen müsse, wie er einst am Flughafen Piloten gelotst hatte? Wir, die wir unten auf der Autobahn fuhren, hätten das nie bedacht, wir wussten ja nichts von ihm. Wie einsam muss dieser Mensch gewesen sein. Einsam, verlassen und von niemandem mehr gekannt. Außer von demjenigen, der alles weiß, alles sieht und alle kennt. O Herr, erbarme dich!

Du bist der Gott, der mich sieht.
1. Mose 16,13

Dass diese tragische Geschichte uns eine wichtige geistliche Lektion vermittelt, ja sogar als Gleichnis wirken könnte, war mir zunächst nicht aufgefallen. Ein befreundeter Pastor machte mich darauf aufmerksam. An dem Abend, als ich die Geschichte auf einer christlichen Freizeit vorlas, hielt er zum Abschluss eine kurze Andacht, die auf „Der Viadukt-Mann" basierte. Mit seiner Zustimmung gebe ich seine Gedanken wieder:

In unserer Welt rasen unzählige Menschen auf der Autobahn des Lebens von einem Ort zum anderen. Sie haben es eilig und nehmen einander kaum wahr. Fixiert auf den eigenen Weg, achten sie auch kaum auf den winkenden Mann auf der Überführung. Natürlich, sie nehmen ihn wahr, aber warum er dasteht und was er vielleicht mit seinen Gebärden zu vermitteln versucht, beschäftigt sie nicht. Sie verstehen diesen Mann auch nicht, denn ihre Welt ist die des Autofahrers, während der Mann auf der Überführung aus einer anderen Welt stammt – aus der Welt der Flieger. Dass diese Gestalt da oben, ihnen, den Autofahrern, etwas zu sagen hat, erahnen sie nicht. Ehrlich gesagt interessiert es sie auch nicht, denn sie haben in ihrer eigenen Welt alle Hände voll zu tun.

Trotz der Gleichgültigkeit der Autofahrer bleibt der Mann dort oben. Er gibt nicht auf; jeden Tag steht er dort und winkt. Irgendwann kann niemand mehr ignorieren oder leugnen, dass es ihn gibt. Manche machen sich lustig über ihn, andere fühlen sich bei dem Ganzen etwas unwohl. Warum fragt eigentlich niemand nach, was er den Autofahrern mit seinem Winken vermitteln will?

Die Zeit vergeht und man versucht den Mann auf der Überführung zu vergessen, aber es gelingt nicht wirklich. Was soll man mit ihm anstellen? Wirklich auf ihn zu achten oder ihn ernst zu nehmen, würde nichts bringen. Er sollte lieber mal mit seinem Winken aufhören, die Autofahrer kennen sich ja aus, sie brauchen keine „Anweisungen von oben".

Aber wie gesagt, vergessen kann man den Mann auf der Überführung nicht. Warum sollte man auch? Er meint es anscheinend gut, er tut nichts Böses. Nun, ein Weihnachtsbäumchen kann man ihm doch schenken, damit es auch oben ein bisschen festlich wird.

Wer Ohren hat, der höre ...

Die Ermutigungs-Papierkette

Janet Drez

Sechs Monate Therapie mit täglichen Krankenhausbesuchen, Infusionen, Übelkeit und Haarausfall. Das war der radikale Behandlungsplan, den meine beste Freundin Linda vor sich hatte, in der Hoffnung, ihren Körper vom Gebärmutterkrebs zu befreien.

Was konnte ich tun, um dieser Zeit etwas von ihrem Schrecken zu nehmen und Linda zu ermutigen? Ich erinnerte mich an die Papierketten, die meine Kinder immer gebastelt hatten, wenn sie die Tage bis Weihnachten zählten, und machte mich gleich an die Arbeit. Ich notierte für jeden Tag einen Spruch aus der Bibel, eine persönliche Erinnerung, ein witziges Wortspiel oder ein inspirierendes Zitat. Auch unsere gemeinsamen Freundinnen steuerten ihre Lieblingsbibelverse bei, bis wir genau 180 Eintragungen für die Kette gesammelt hatten. Ich tippte sie ab und druckte alles auf leuchtend buntes Papier, schnitt daraus Streifen und klebte sie zu einer langen Kette zusammen.

Als ich Linda am ersten Tag ihrer Behandlung besuchte,

erklärte ich, was die Kette bedeutete und was sie damit machen sollte. „Jetzt sieht diese Kette lang und ein bisschen furchterregend aus, aber du kannst jeden Tag einen Streifen davon abziehen – du wirst also zusehen, wie es vorangeht. Wir beten für dich und sind in Gedanken bei dir."

In den folgenden sechs Monaten hing die Kette in Lindas Wohnzimmer. Jeden Tag freuten sie und ihre Familie sich darauf, einen weiteren Papierstreifen abzuziehen und zu sehen, was Ermutigendes darauf stand. Immer wieder rief Linda mich während dieser Zeit an, um mir zu erzählen, dass ein Eintrag sich genau mit dem deckte, was der Arzt ihr gesagt hatte.

Wenn Sie jemanden kennen, der gerade eine schwierige Zeit durchmachen muss, dann denken Sie sich etwas Ungewöhnliches aus, was über diese lange Durststrecke hinweghilft. Und vergessen Sie nicht zu beten!

Fürbitten heißt: jemandem einen Engel senden.
Martin Luther

Die Weihnachtsangst

Sylvia Renz

Ein wahres Erlebnis in den Schweizer Alpen bei Lungern, Zentralschweiz.

Die Gondel schwebte über schroffe Felsen und tiefe Schluchten hinweg. Winzige Tannen schüttelten die Zweige im Bergwind, ein Rudel Gämsen flüchtete in weiten Sprüngen quer über ein Schneefeld und verschwand im Wald. Silberne Rauchfäden schlängelten aus den Schornsteinen der Bauernhäuser empor und unser roter Passat am Parkplatz dort drunten sah aus wie ein vergessenes Spielzeug.

„Die Skihütte liegt 1500 Meter hoch, odr", sagte der Gondelführer. „Auf der Straße chann man nur im Sommer fahren. Aber das ischt chein Problem mit der Gondel. Wir bringen Sie hinauf zur Zwischenstation. Sie müssen dann nur noch ein chleines Stückchen gehen." Er sprach das „ch" tief in der Kehle und grinste. „Ischt jetzt alles zugeschneit, natürlich."

„Natürlich", wiederholte mein Mann nachdenklich und schielte zu unserem Gepäckberg hinüber: zwei Koffer, vier

Ski, ein Karton mit Proviant, ein Beutel mit den Skistiefeln. Die Gondel schwankte beim Einfahren in die Seilbahnstation, quietschend schob sich die Türe auf, wir schleppten unser Gepäck in die Vorhalle. Achtzig Meter über uns schmiegte sich eine Hütte an den Berghang. Dazwischen glitzerte ein unberührtes Schneefeld.

„Und wie kommen wir da rüber?"

„Dort hinten stehn Schaufeln", meinte der Gondelführer. „Sie haben doch den Schlüssel für die Tür, odr."

Wir hatten ihn unten im Tal beim Hüttenwart abgeholt. Der Gondelführer nickte zufrieden. „Dann a guate Nacht und frohes Fescht, ich muss wieder hinuntr, odr."

„Moment mal, was machen wir, wenn wir Hilfe brauchen?", stieß ich hervor. Er konnte uns doch nicht allein mitten im Berg zurücklassen, weitab von jeder Zivilisation?

Der Schweizer zuckte die Schultern. „Gehn Sie in die Hütte, da chönnen Sie ein Feur im Ofen machen, dann wird es gut warm, odr. Morgen um neun bin ich wieder mit der erschtn Gondel hier." Nickte uns zu und sprang in die Gondel, die sich kreischend über die Schwelle schob und ins Tal hinabglitt. Ich blickte ihm fassungslos nach.

„Komm, wir müssen Schnee schippen", rief mein Mann. „Es dämmert schon."

„Hu, ist das kalt", stöhnte ich. Meine Hände waren klamm geworden. Ich packte die zweite Schaufel und stapfte los.

Zwei Stunden später hatten wir eine Treppe in den Schnee gestampft, die in einer eleganten Kurve nach oben führte. Nachdem wir die Hüttentür ganz frei geschaufelt hatten, rammten wir den rostigen Schlüssel ins Schloss. Die Tür wehrte sich zuerst, aber mit vereinten Kräften konnten wir sie aufstoßen. In der Hütte roch es muffig.

„Wir müssen lüften", schlug ich vor.

„Aber wie?", kratzte sich mein Mann am Kinn. Alle Fenster waren zugeschneit. Das Wasser war offensichtlich abgestellt und wir fanden keinen Haupthahn. Natürlich gab es auch auf der Toilette kein Wasser. Der Ofen streikte. Wahrscheinlich lag zu viel Schnee im Schornstein. Wir waren verfroren, hungrig und sehr müde. Ein Telefon gab es da oben ebenfalls nicht. Immerhin konnten wir Licht einschalten. Die 25-Watt-Birne warf ihr trübes Licht ins Zimmer, aber es reichte, um die Etagenbetten zu beziehen und notdürftig das Gepäck zu verstauen.

Wir holten uns ein paar Fäuste voll Schnee von draußen und ließen ihn in einer Schüssel auftauen. Damit wischten wir uns durchs Gesicht und wuschen die Hände, dann zogen wir uns ein zweites Paar Skisocken an und warfen die Bettdecken um die Schultern. „Wär ich bloß zu Haus geblieben", murrte ich.

Mein Mann hatte eine Jugend-Skifreizeit organisiert; fünfzig junge Leute wollten am 26. Dezember hier eintreffen. Wir waren die Vorhut, sollten schon mal die Hütte vorheizen und alles für ihre Ankunft vorbereiten. Ich hatte mir das romantisch vorgestellt: Weihnachten in einer

Berghütte feiern, nur Werner und ich, mit viel Schnee und viel Natur.

Und nun bibberten wir in unserem kleinen Zimmer um die Wette, der Wind pfiff durch die Ritzen und rüttelte an den Dachsparren. Weihnachtsstimmung? Woher denn? Nicht mal die mitgebrachte Kerze funktionierte; der Luftzug pustete sie immer wieder aus.

Wir knabberten ein paar Lebkuchen, tranken lauwarmen Tee aus der Thermoskanne. Es half nichts ...

„Gehn wir schlafen", meinte Werner schließlich und wir krochen unter die Decken.

Auf einmal hörten wir seltsame Laute von draußen: Da scharrte jemand im Schnee, kratzte an der Wand, schnüffelte, knabberte am Holz. Ein Hund? Bei dieser klirrenden Kälte? Weit und breit gab es kein anderes Haus. Eine Katze? Dafür war das Scharren zu laut.

Ich wisperte: „Gibt's hier Bären?"

„Ich schau mal nach!", sagte mein heldenhafter Mann und rutschte vom Etagenbett herunter.

„Bist du wahnsinnig?! Bleib bloß hier! Viel zu gefährlich!", rief ich.

„Dann müssen wir das Vieh anders verscheuchen." Er holte einen Topf aus der Küche und einen Holzlöffel und stellte sich vor die geschlossene Hüttentür.

„Wir machen mächtig Krach, vielleicht bekommt unser Besucher Angst und läuft weg."

Und so kam es, dass wir an diesem Abend keine Weihnachtslieder sangen, sondern aus voller Kehle brüllten:

„Uah!" und „Boah!" Wir trommelten auf den Topf und schlugen mit den Fäusten an die Hüttentür. Da verstummte das Scharren und Keuchen.

Nach einer Weile schoben wir vorsichtig die Hüttentür auf.

„Was immer das war, es ist fort", flüsterte Werner. Große Tatzenspuren schimmerten im Tiefschnee, aber sie führten vom Haus weg. „Komm, wir gehen ein paar Schritte", schlug er vor und nahm meine Hand. Die Schneekristalle leuchteten im Mondlicht. Der Wind hatte eine Pause eingelegt. Über uns schimmerten Sterne, ich hatte noch nie so viele auf einmal gesehen. Werner brach einen glitzernden Eiszapfen von der Dachrinne und ließ mich daran schlecken.

„Sieh bloß, eine Sternschnuppe ...", murmelte ich. „Wünsch dir was."

„Das ist hier wirklich eine stille Nacht", sagte Werner. „Kilometerweit ist keine Menschenseele da außer uns ..."

„Schon ein bisschen gruselig", flüsterte ich. „An Heiligabend ..."

Ich musste plötzlich an eine andere Nacht denken, vor mehr als 2000 Jahren, und an ein anderes Paar, das allein war, weil keiner es ins Haus lassen wollte ...

„Vielleicht hatte Maria damals auch Angst, als sie da im Stall hockte", sagte ich leise. „Weniger vor Ochs und Esel, die sind ja meist harmlos. Aber ein Kind kriegen, das ist nicht so einfach, nicht mal in einem weiß bezogenen Klinikbett. Noch dazu beim ersten Mal, wenn man nicht weiß, wie sich das anfühlt, so eine Geburt."

„Außerdem war es ja nicht irgendein Kind", meinte Werner. „Der Erlöser sollte zur Welt kommen, der Retter, auf den die Menschen schon seit Jahrtausenden gewartet hatten. Josef hat sich bestimmt am Bart gezogen vor Aufregung. Ist voller Sorge im Stall herumgetappt, hat hier geräumt und dort gekehrt, vielleicht hat er verzweifelt probiert, ein kleines Feuer in Gang zu kriegen, so wie wir heute. So ein Neugeborenes muss es doch warm haben, und wohin kann man es legen, wenn sich Maria nach den Mühen der Geburt ein wenig ausruhen will? Doch nicht ins schmutzige Stroh!"

„Ob der Futtertrog aus Stein gehauen war? Hart und eiskalt? Oder aus Holz gezimmert?", überlegte ich. „Da kann man sich leicht einen Splitter in den Finger reißen. Ich hätte mein Baby da nicht reingelegt. Und als dann die Hirten kamen ... Das waren ja raue Kerle, wie leicht hätten sie Maria und Josef überfallen und ausrauben können. Ich hätte mich schrecklich vor diesen fremden Männern gefürchtet."

Werner zuckte die Achseln. „Maria und Josef waren wohl tapfere Leute, mutiger als wir beide. Das Lied der vielen Engel wird sie getröstet haben. Friede auf Erden ... Vielleicht waren sie auch deshalb so zuversichtlich, weil sie wussten, dass Gott die Hand über ihnen hält und mit ihnen ist. Genau das sagt ja das Wort: Immanuel – Gott ist bei uns. Da ist man nie ganz allein und nie verlassen."

Über diesen Gedanken wurden wir ruhig und konnten in dieser Nacht friedlich einschlafen, trotz der Kälte. Wir hatten auch keine Angst mehr vor dem rätselhaften Untier, das da draußen herumtappte, fühlten uns behütet und nicht mehr allein.

Am nächsten Morgen fanden wir rund um die Hütte viele Tatzenspuren. „Sieben Zentimeter breit", meinte Werner. „Dreimal so groß wie von einer Katze."

„Kein Fuchs hat solche Pranken", sagte ich. „Nach einer Hundespur sieht es auch nicht aus, es sind keine Krallenspuren drin."

„Ja, das ist seltsam. Schau mal die Schrittlänge da drüben, mehr als ein Meter, fast 1,50 Meter weit auseinander."

„Da muss das Tier weggerannt sein. Wovor ist es geflüchtet? Und was war es?"

Später erklärte der Gondelführer: „Ja so, das ischt unser Luchs, odr. Der wohnt hier am Berg. Der hat wohl geschtan keine Gäms schlagen chönnen und chein Reh, da sucht er hier nach Futtr. Braucht ja seine zehn Chilo Fleisch in dr Woche."

„Wie – wie groß ist er denn, euer Luchs?", stieß ich mühsam hervor. Nun war mir doch etwas mulmig geworden beim Gedanken an unseren Nachtspaziergang.

„Ja, der, der ischt so groß wie ein ausgewachsener Schäferhund. Der wiegt gut seine zwanzig Chilo." Der Gondelführer zog die Schultern hoch. „Dem möcht man nicht im Dunkln über den Weg laufen, nicht wahr?"

Werner lächelte. „Oder man braucht einen starken Beschützer. Wir haben es heute Nacht erlebt: Es war Frieden auf Erden ..."

*Nun soll es werden
Frieden auf Erden,
den Menschen allen
ein Wohlgefallen.
Fürchtet euch nicht!*

„Sind Sie Gott?"

Charles Swindoll

Kurz nach dem Ende des Zweiten Weltkriegs begann man in Europa, die Scherben aufzusammeln. Große Teile des Kontinents waren vom Krieg zerstört worden und lagen in Trümmern. Der traurigste Anblick von allen waren aber zweifellos die vielen verwaisten Kinder, die hungernd und bettelnd in den Straßen der zerbombten Städte herumirrten.

Früh an einem kalten Wintertag war ein amerikanischer Soldat in London auf dem Weg zu seiner Dienststelle in der Kaserne. Als er mit seinem Jeep um eine Ecke bog, sah er einen kleinen Jungen, der sich die Nase am Schaufenster einer Konditorei platt drückte. Drinnen knetete der Konditor gerade den Teig für neue Köstlichkeiten, und der hungrige Junge verfolgte jede Bewegung des Mannes.

Der Soldat hielt seinen Wagen an, stieg aus und ging leise zu dem kleinen Jungen hinüber. Durch das beschlagene Fenster konnte er erkennen, wie die köstlich aussehenden Plätzchen dampfend aus dem Ofen gezogen wurden. Der

Junge stöhnte leise, als er beobachtete, wie der Konditor die Köstlichkeiten in die Glasvitrine stellte.

Das Herz des Soldaten öffnete sich weit für das kleine Waisenkind neben sich. „Junge, möchtest du vielleicht welche von diesen Plätzchen?"

Das Kind fuhr erschrocken zusammen. „Oh ja, und wie!"

Der Soldat ging in den Laden, kaufte ein Dutzend Plätzchen und hielt dem Jungen den Beutel hin. „Hier, mein Sohn."

Als er sich umdrehte, um wieder zu seinem Wagen zu gehen, spürte er ein Zupfen an seinem Mantel. Er wandte sich um und der Junge fragte leise: „Mister ... sind Sie Gott?"

Der Engel kam in der Nacht, weil man da das Licht
am besten sieht und die Engel am meisten gebraucht
werden. Und Gott kommt aus dem gleichen Grund
in das Alltägliche hinein.
Max Lucado

Die Nacht ist vorgedrungen

Jochen Klepper

Die Nacht ist vorgedrungen,
der Tag ist nicht mehr fern.
So sei nun Lob gesungen
dem hellen Morgenstern.
Auch wer zur Nacht geweinet,
der stimme froh mit ein.
Der Morgenstern bescheinet
auch deine Angst und Pein.

Dem alle Engel dienen,
wird nun ein Kind und Knecht.
Gott selber ist erschienen
zur Sühne für sein Recht.
Wer schuldig ist auf Erden,
verhüll nicht mehr sein Haupt.
Er soll errettet werden,
wenn er dem Kinde glaubt.

Die Nacht ist schon im Schwinden,
macht euch zum Stalle auf!
Ihr sollt das Heil dort finden,
das aller Zeiten Lauf
von Anfang an verkündet,
seit eure Schuld geschah.
Nun hat sich euch verbündet,
den Gott selbst ausersah.

Noch manche Nacht wird fallen
auf Menschenleid und -schuld.
Doch wandert nun mit allen
der Stern der Gotteshuld.
Beglänzt von seinem Lichte,
hält euch kein Dunkel mehr.
Von Gottes Angesichte
kam euch die Rettung her.

Vom Schenken und Beschenktwerden

Jürgen Werth

Der zweite Weihnachtstag hatte meist nicht mehr den Glanz des ersten. Oder gar des Heiligen Abends. An diesem Tag nämlich hatte ich morgens meist meinen Dankeschön-Besuch bei Großonkel Walter und Großtante Emmi zu absolvieren. Das war ein ordentliches Stück Weg. Und es verhieß in der Regel keine allzu spannenden Gespräche für einen Zehnjährigen. Dabei wäre ich so viel lieber zu Hause geblieben und hätte mich mit meinen taufrischen Weihnachtsgeschenken vergnügt. Aber es half nun mal nichts. Walter und Emmi hatten meinen Eltern einen Geldschein zugesteckt, die hatten mir dafür etwas „Vernünftiges" gekauft, und nun galt es, Danke schön zu sagen. Nein, nein, einfach anrufen ging nicht. Ein Telefon hatten wir noch nicht.

Das Geschenk trug ich manchmal auf dem Leib. Einen traumhaft praktischen Skipullover zum Beispiel. Der leider albtraumhaft kratzte. Da fiel das Dankesagen doppelt schwer.

Mein Besuch aber war der zaghafte Versuch meiner Eltern, das großzügige Geschenk irgendwie wiedergutzumachen. Ich musste mich opfern, schließlich war ich der Nutznießer.

Sich bedanken müssen ist anstrengend. Das strenge „Was sagt man denn da?" von Eltern und Großeltern macht vielleicht alles noch schlimmer. Also wird man's lassen, wenn man nicht muss.

Bei Walter und Emmi war ich die personifizierte Wiedergutmachung.

In unserer Familie war das ohnehin ein beliebter Satz: „Ich mach dir das wieder gut." Was ja eigentlich nichts anderes bedeutet als: Ich will bezahlen, damit ich nicht in deiner Schuld stehe.

Wir alle haben das schon früh gelernt und tief verinnerlicht: Jede Leistung erwartet eine Gegenleistung. Darum überlegen wir ja auch bei fast jedem Geburtstag, was wir vor Jahr und Tag geschenkt bekommen haben und was wir wohl darum zurückschenken sollten. Um nicht aus dem Rahmen zu fallen. Und um nicht unangenehm aufzufallen. Am besten führt man Buch ...

Ich erinnere mich an ein Fest, bei dem wir vereinbart hatten: Nein, diesmal schenken wir einander nichts. Aber dann hatten einige doch etwas dabei. „Nur eine Kleinigkeit!" Und ich stand mit abgesägten Hosen da, wie die Schweizer sagen würden.

Geschenke, die ich nicht bezahlen kann, können wie Peitschenhiebe sein.

Besonders die, die insgeheim auch so gemeint sind. Die mich beschämen, die mich klein machen sollen. Die mir demonstrieren sollen: Schau mal, wie viel Geld ich für dich ausgegeben habe! Damit kannst du nie und nimmer konkurrieren. Das kannst du nie und nimmer wiedergutmachen! Solche Geschenke tun weh.

Dabei sind das ja eigentlich gar keine Geschenke. Denn sie meinen gar nicht mich. Sie sollen den, der schenkt, groß und mich klein machen. Sie sollen mich kaufen. Mich irgendwie gefügig machen.

Mich beeindruckt ein Unternehmer, der so ganz anders schenkt. In der Weihnachtszeit pflegt er nachts an die Briefkästen von Menschen zu gehen, die dringend Hilfe brauchen, und wirft einen Briefumschlag mit Geld hinein. Anonym. Der Beschenkte muss sich beschenken lassen – und kann nicht einmal Danke schön sagen. Jede Form von Beschämung und Bezahlung ist so ausgeschlossen.

Aber meist ist unser Schenk-Spiel ausgeglichen. Denn da gibt es eine heimliche Verabredung zwischen uns Menschen. Spielregeln. Schenkregeln. Und dieses Schenk-Spielchen treibt manchmal seltsame Blüten. Meine Oma stöhnte manchmal: „Eigentlich ist ja alles nur ein Wiedergeben."

Sie und ihre Freundinnen schenkten einander meist ein Pfund Kaffee zum Geburtstag. Der war teuer. Und in den ersten Jahren nach dem großen Krieg etwas Besonderes, Kostbares. Ich habe damals vorgeschlagen, einfach pro Jahr ein Pfund Kaffee zu kaufen und das wie einen

Wanderpokal einfach immer weiterzugeben. Da muss man dann nie etwas wiedergutmachen ...

Leider wurde dieser Vorschlag nie aufgegriffen.

Eigentlich funktioniert bei uns das Schenken und Beschenktwerden nach dem alten Prinzip des Handels. Für jede Leistung muss ich eine Gegenleistung erbringen. Früher hieß das Ware gegen Ware. Heute heißt es meist Ware gegen Geld.

Oder Hilfe gegen Hilfe. Hat er dir beim Umzug geholfen, musst du ihm beim nächsten Umzug auch helfen. Hat sie dir zum Geburtstag einen Kuchen gebacken, musst du ihr zum Geburtstag wenigstens einen Nachtisch mitbringen. Das ist ein archaisches Gewohnheitsgesetz.

Nun denkt mancher, dieses Recht gelte auch für die Beziehung zwischen Menschen und Gott. Ich gebe ihm und entsprechend gibt er mir. Er gibt mir und entsprechend gebe ich ihm.

Doch das wäre nur Religion. Der christliche Glaube bekennt einen Gott, der alle diese Regeln durchbricht und seinen Menschen ein unbezahlbares Geschenk macht. Eines, das kein Mensch wiedergutmachen kann und muss. Eines, das Menschen groß und frei macht und nicht klein.

Gott schenkt uns Weihnachten. Karfreitag. Ostern. Pfingsten. Er schenkt der Welt seinen Sohn. Der Welt! Uns! Mir! Und damit seine unendliche Liebe. Seine unwiderrufbare Barmherzigkeit. Gott schenkt uns die Vergebung aller Schuld. Und damit seinen Himmel. Und wir können nichts tun. Wir müssen nur die Hände und die Herzen aufhalten und dürfen die Beschenkten sein und bleiben.

Danke, guter Gott,
dass du mich beschenkst.
Und ich dir das nicht wiedergutmachen muss.
Danke, dass mich dein Geschenk groß macht
und nicht klein.
Dass es mich freikauft
und nicht kauft.
Danke, guter Gott!

Schenken

Joachim Ringelnatz

Schenke groß oder klein,
Aber immer gediegen.
Wenn die Bedachten
Die Gaben wiegen,
Sei dein Gewissen rein.

Schenke herzlich und frei.
Schenke dabei,
Was in dir wohnt
An Meinung, Geschmack und Humor,
Sodass die eigene Freude zuvor
Dich reichlich belohnt.

Schenke mit Geist ohne List.
Sei eingedenk,
Dass dein Geschenk
Du selber bist.

Irrglaube über das Glück

Klaus Douglass

Der vielleicht verbreitetste Irrglaube über das Glück ist die Vorstellung, dass uns die Erfüllung unserer Wünsche glücklich macht. Obwohl unsere Erfahrung diese Auffassung tagtäglich widerlegt, halten wir doch eisern an dieser Illusion fest: „Wenn nur dieses oder jenes passieren würde, wäre ich endlich glücklich!"

Dabei wissen wir seit unserer Kindheit, dass ein solches Wunscherfüllungs-Glück immer nur von kurzer Dauer ist. Egal, wie groß die Wünsche waren, die wir beispielsweise an Weihnachten erfüllt bekamen – schon kurze Zeit später reichte uns das nicht mehr aus. Etwas Neues musste her. Etwas, was uns nun wirklich glücklich machen würde. So begann das Spiel von vorn, und ich behaupte, dass wir es ein Leben lang in der gleichen Art weiterspielen: Herzenswunsch – Erfüllung – kurze Freude – Langeweile – und daraus resultierend: eine neuer Wunsch.

Wer meint, er könne durch die Erfüllung seiner Wünsche glücklich werden, ist wie jemand, der versucht, seinen

Durst mit Schnee zu stillen. Nach kurzer Erleichterung wird sein Verlangen nicht kleiner, sondern größer.

Der Dichter Wilhelm Busch sagt: „Jeder Wunsch, wenn er erfüllt, kriegt augenblicklich Junge." Unsere Erfahrung bestätigt das Tag für Tag aufs Neue. Warum glauben wir dennoch, glücklich werden zu können, indem sich unsere Wünsche erfüllen?

Wünsche sind wichtig, sie gehören zum Leben dazu. Aber koppeln Sie nicht Ihr Glück an die Erfüllung Ihrer Wünsche. Denn damit schlagen Sie einen Weg ein, an dessen Ende nur Frustration stehen kann. Zum einen bleiben viele Wünsche im Leben unerfüllt. Zum anderen macht Sie deren Erfüllung weder automatisch noch dauerhaft glücklich. Sie können wünschen und träumen, so viel Sie wollen, je leidenschaftlicher, desto besser – aber hängen Sie Ihr Glück nicht an die Erfüllung Ihrer Wünsche!

Es gibt im Leben zwei Katastrophen.
Die eine besteht in der Versagung,
die andere in der Erfüllung unserer Wünsche.
George Bernhard Shaw

Das perfekte Geschenk

Max Lucado

Heute ist für euch in der Stadt, in der schon David geboren wurde, der lang ersehnte Retter zur Welt gekommen. Lukas 2,11; Hfa

Ich weiß, dass wir nicht jammern sollen. Aber ganz ehrlich, wenn Ihnen jemand an Weihnachten einen zwei Jahre alten Schokoladenweihnachtsmann schenkt und dann sagt: „Das ist für dich", erkennen Sie da nicht einen gewissen Mangel an Kreativität? Aber wenn Ihnen jemand etwas von Herzen schenkt, freuen Sie sich dann nicht auch über dieses Zeichen von Zuneigung? Die selbstgebackenen Plätzchen; die Karten für die Theatervorstellung, ein selbstgeschriebenes Gedicht … Solche Geschenke zeigen Ihnen, dass derjenige das geplant, vorbereitet, darauf gespart und danach gesucht hat. Ein Last-Minute-Geschenk? Nein, das hier ist ganz persönlich für Sie.

Haben Sie schon einmal so ein Geschenk bekommen?

Ja, haben Sie. Entschuldigung, dass ich Ihnen die Antwort vorwegnehme, aber ich kannte sie schon, als ich die Frage gestellt habe. Sie haben schon einmal das perfekte, ganz persönliche Geschenk bekommen. „Heute ist für euch … der lang ersehnte Retter zur Welt gekommen."

Ein Engel sprach diese Worte. Die Hirten waren die Ersten, die sie hörten. Aber was der Engel ihnen sagte, sagt Gott jedem, der zuhört. „Heute ist für euch der Retter zur Welt gekommen." Jesus Christus ist das Geschenk.

Haben Sie schon einen Wunschzettel geschrieben? Neben all dem, was Sie unbedingt haben müssen, sollten Sie dankbar sein für das eine Geschenk, das Sie schon haben – das schönste Geschenk von allen.

Die Nacht, als die Sterne vom Himmel fielen

Arthur Gordon

In einer warmen Sommernacht wurde ein kleiner Junge in einer Strandhütte plötzlich aus seinem Bett gehoben. Ganz benommen und völlig verschlafen hörte er seine Mutter sagen, dass es doch schon so spät sei. Sein Vater lachte. Dann wurde er rasch von den Armen seines Vaters die Verandatreppe hinunter und hinaus an den Strand getragen.

Der Himmel über ihnen war sternenübersät. „Und jetzt schau mal nach oben und pass gut auf!", sagte sein Vater.

Und es war unglaublich, denn noch während er das sagte, bewegte sich einer der Sterne. Mit einem goldenen Feuerschweif schoss er quer über den erstaunten Himmel. Und bevor dieses Wunder ganz verblassen konnte, verließ ein weiterer Stern seinen Platz und dann noch einer; sie stürzten sich in das aufgewühlte Meer. „Was ist das?", flüsterte das Kind. „Sternschnuppen", antwortete der Vater. „Die gibt es jedes Jahr in ganz bestimmten Nächten im August. Ich dachte, du würdest das auch gern mal sehen."

Das war alles. Nur ein unerwarteter Einblick in etwas tief Bewegendes und Geheimnisvolles und Wunderschönes. Aber als es dann wieder im Bett lag, starrte das Kind lange in die Dunkelheit, völlig hingerissen von dem Wissen, dass das Haus und darüber die Nacht erfüllt waren von der stillen Musik der fallenden Sterne.

Seitdem sind Jahrzehnte vergangen. Aber ich erinnere mich immer noch an diese Nacht, weil ich das Glück hatte, ein siebenjähriger Junge zu sein, dessen Vater eine solche neue Erfahrung für wichtiger hielt als einen ungestörten Schlaf. Ich hatte als Kind genauso viele Spielzeuge wie alle anderen, aber die habe ich inzwischen alle vergessen. Ich erinnere mich an: die Nacht, in der die Sterne vom Himmel fielen; den Tag, an dem ich im Begleitwagen eines Güterzuges mitfahren durfte; unseren Versuch, ein Krokodil zu häuten; den selbstgebauten Telegrafen, der richtig funktionierte. Ich erinnere mich noch an den „Trophäentisch" bei uns im Flur, auf dem wir Kinder Sachen ausstellen durften, die wir gefunden hatten – Schlangenhäute, Muscheln, Blumen, Pfeilspitzen –, alles, was ungewöhnlich oder einfach nur schön war.

Ich erinnere mich an Bücher auf meinem Nachttisch, die meinen Horizont erweiterten und manchmal tatsächlich mein Leben veränderten.

Mein Vater hatte die fantastische Gabe, seinen Kindern Türen zu öffnen, sie in Bereiche des wunderbaren Neuen einzuführen. Diese geschickte Art, der Welt eines Kindes neue Dimensionen hinzuzufügen, erfordert gar nicht unbedingt sehr viel Zeit. Man muss einfach nur Dinge mit den Kindern zusammen tun statt für sie. Ich kenne eine Frau, die ein „Man könnte doch mal ..."-Notizbuch führt. Darin notiert sie alle möglichen ungewöhnlichen und faszinierenden Ideen: „Man könnte doch mal einen Bauernhof besuchen und versuchen, eine Kuh zu melken." „Man könnte doch mal auf einem Schleppkahn mitfahren." „Man könnte doch mal einem Flussbagger folgen und dann den ausgebaggerten Schlamm nach versteinerten Haizähnen durchsuchen." Und all das, was auf der Liste steht, unternimmt sie dann auch wirklich mit ihren Kindern.

Ich habe sie einmal gefragt, woher sie eigentlich all die Ideen nimmt. „Ach", sagte sie, „das weiß ich gar nicht. Aber ich hatte einen Onkel, der ein echtes Original war ..." Dieser Onkel hat ihr Türen geöffnet, die sie jetzt wiederum ihren Kindern öffnet.

Abgesehen von meinem Vater hatten wir auch noch eine etwas schrullige Tante, die ein absolutes Genie darin war, verrückte Sachen zu machen und so das Grau aus dem Alltag zu vertreiben. „Könnt ihr auf dem Kopf stehen?", fragte sie uns Kinder. „Ich kann es!" Und dann klemmte sie sich den Rock zwischen die Knie und machte einen Kopfstand. „Was wollen wir heute Nachmittag machen?", pflegte sie zu rufen und beantwortete dann ihre Frage sofort selbst. „Wir erfinden für uns ein neues Leben!" Immer kam eine neue Dimension hinzu, immer wieder der Zauber einer neu geöffneten Tür, ein gemeinsames Erlebnis. Das war das Schlüsselwort: Wir machten alles gemeinsam.

Durch die Ausflüge bekamen wir kleine, überraschende Einblicke in ihren Charakter, die immer auch Spuren in unserem noch formbaren Denken hinterließen. Einmal, so erinnere ich mich, hatte unsere abenteuerlustige Tante für uns ein Pony zum Reiten organisiert, das allerdings ein bisschen bockig war. Nachdem er drei Mal abgeworfen worden war, protestierte mein Bruder unter Tränen, dass es einfach zu schwierig sei, auf diesem Pony zu reiten. „Wenn es zu einfach wäre", antwortete unsere Tante darauf mit großer Gelassenheit, „dann würde es ja keinen Spaß machen." Eine beiläufige Bemerkung, aber sie ist mir bis heute im Gedächtnis geblieben.

Am einfachsten lassen sich die Türen für Kinder öffnen, hinter denen Dinge sind, die uns auch als Erwachsene immer noch begeistern. Gute Lehrer wissen das. Und alle guten Lehrer kennen auch den Lohn dafür, ihren Schülern Türen zu öffnen. Den herrlichen Augenblick nämlich, wenn der Funke, auf den man geblasen hat, eine Flamme entfacht, die dann von selbst hell weiterbrennt. Bei einem großen Golfturnier schlug sich ein zehnjähriges Mädchen in der Junior-Liga für Mädchen bemerkenswert gut. „Wie lange interessierst du dich denn schon für Golf?", wurde sie von jemandem gefragt. „Ich habe es zum neunten Geburtstag bekommen", sagte sie. „Du meinst, dein Vater hat dir damals einen Satz Golfschläger geschenkt?"

„Nein", sagte sie geduldig. „Er hat mir *Golf* geschenkt."

Jemand, der etwas Bestimmtes liebte und gern tat, hatte also den Wunsch gehabt, dass sein Kind daran Anteil haben sollte. Es hatte ganz sicher einiges an Zeit, Mühe und Geduld erfordert, diese Begeisterung weiterzugeben. Aber was war das für ein Lohn für Vater und Tochter! Genauso gut hätte es auch die Begeisterung für Musik oder Astronomie oder Chemie oder Schmetterlinge sein können.

Kinder sind von Natur aus neugierig und probieren unglaublich gern Neues aus. Sie kommen jedoch oft nicht selbst auf die Dinge, die sie erkunden und ausprobieren können. Sie brauchen Anleitung dabei, jemanden, der ihnen eine Auswahl anbietet, aus der sie sich dann etwas aussuchen können.

Vor Kurzem nahm ein Nachbar von uns seine beiden kleinen Kinder in den Ferien mit in die Berge. Am ersten Morgen weckten ihn die beiden schon bei Tagesanbruch und machten ein großes Geschrei, weil sie auf Erkundungstour gehen wollten. Er unterdrückte den Impuls, sie wieder schlafen zu schicken, quälte sich aus dem Bett, zog sich an und unternahm einen Spaziergang mit ihnen. Am Rand eines Teiches machten sie Rast, und als die drei ganz still dasaßen, kam eine Ricke mit ihrem Kitz zum Trinken an den Teich.

„Ich habe die Gesichter meiner beiden kleinen Racker dabei beobachtet", sagte er mir später, „und plötzlich war es, als sähe und spürte ich das alles zum ersten Mal: die Stille des Waldes, den Dunst über dem Wasser, die Anmut der grazilen Tiere, die Verbundenheit zwischen allem, was lebt. Das Ganze dauerte nur ein paar Sekunden, aber mir kam der Gedanke, dass Glück nichts ist, wonach man streben oder wofür man sich anstrengen muss. Es ist einfach das Bewusstwerden der Schönheit und der Harmonie allen Lebens. Und ich sagte mir: Behalte diesen Augenblick in Erinnerung, bewahre ihn gut in deinem Gedächtnis – weil du vielleicht eines Tages Kraft und Trost daraus ziehen musst."

Indem er seinen Kindern den Zugang zu neuen Erfahrungen ermöglichte, öffnete dieser Mann auch für sich selbst eine Tür.

Ich bin mit einem Psychiater befreundet, der sagt, dass es im Grunde zwei Typen von Menschen gibt: solche, die das Leben als ein Geschenk betrachten, und solche, die es als Problem ansehen. Diejenigen, die zur ersten Gruppe gehören, sind begeisterungsfähig, tatkräftig, nicht so leicht zu erschüttern, offen für Herausforderungen. Die anderen sind misstrauisch, zögerlich und egozentrisch. Für die erste Gruppe ist das Leben hoffnungsvoll und spannend. Für die zweite ist es immer auch ein potenzieller Hinterhalt. Und mein Freund behauptet: „Sag mir, wie deine Kindheit war, und ich sage dir, welcher Typ du wahrscheinlich bist."

Wenn man versucht, Kindern Türen zu öffnen, dann ist der Zweck nicht, sie zu unterhalten oder sich selbst zu amüsieren. Sondern sie sollen dadurch eine erwartungsvolle, aufgeschlossene Einstellung gegenüber dem anspruchsvollen und komplizierten Leben entwickeln. Das ist mit Sicherheit das wertvollste Vermächtnis, das wir an die nächste Generation weitergeben können: nicht Geld, nicht Häuser oder Familienerbstücke, sondern die Fähigkeit zum Staunen und zur Dankbarkeit sowie ein Gespür für Lebendigkeit und Freude. Warum strengen wir uns diesbezüglich nicht mehr an? Wahrscheinlich, weil wir unser Leben mit Kleinigkeiten vertun, wie der Dichter Thoreau einmal gesagt hat. Weil es Zeiten gibt, in denen wir weder die Aufmerksamkeit noch die Selbstlosigkeit noch die Energie dazu haben.

Und dennoch ist für diejenigen, denen sehr am Herzen liegt, was aus unseren Kindern wird, die Herausforderung immer da. Wohl niemand wird dieser Herausforderung ständig gerecht, aber es bieten sich doch immer wieder Chancen und Möglichkeiten. Seit jener Nacht in meiner Kindheit, als die Sterne vom Himmel fielen, sind viele Jahre vergangen, aber die Erde dreht sich noch immer, die Sonne geht immer noch unter und die Nacht breitet sich über dem unwandelbaren Meer aus. Und nächstes Jahr, wenn im August wieder Sternschnuppen fallen, dann ist mein Sohn sieben.

Zeit schenken

"Alles auf dieser Welt hat seine von Gott bestimmte Zeit", heißt es in der Bibel, dem Buch Prediger, Kapitel 3,1. Darum möchte ich nicht irgendetwas, sondern etwas Einzigartiges schenken: nämlich gemeinsame Zeit.

Waldluft statt Parfüm
Blumen pflanzen statt Blumenstrauß
Fotos gucken statt Fotoapparat
Kochabend statt Kochbuch
Wandern statt Wein
Schrank aufräumen statt Shopping
Vorlesen statt Buch
Hauskonzert statt CD
Kunstausstellung statt Kunststoffverpackung
Chauffieren statt Geld fürs Ticket
Stadionbesuch statt Life-Übertragung

Verschenken Sie doch zu diesem Weihnachtsfest einmal Zeit.

Ein Päckchen Güte

nach Antoine de Saint-Exupéry

Du weißt, wie sehr wir der Freundschaft bedürfen. Gib, dass ich diesem schönsten, schwierigsten, riskantesten und zartesten Geschenk des Lebens gewachsen bin. Verleih mir die nötige Fantasie, im rechten Augenblick ein Päckchen Güte, mit oder ohne Worte, an der richtigen Stelle abzugeben.

Die schönste Zahnlücke der Welt

Sharon Palmer

Ich musste noch einige letzte Weihnachtseinkäufe erledigen und hielt mich zu diesem Zweck in einem Spielzeuggeschäft auf, genauer gesagt in der Barbie-Abteilung. Ein hübsch angezogenes kleines Mädchen sah sich ganz aufgeregt ebenfalls Barbiepuppen an, ein paar zusammengerollte Geldscheine in der Hand. Immer wenn sie zu einer Puppe kam, die ihr besonders gut gefiel, drehte sie sich zu ihrem Vater um und fragte, ob ihr Geld dafür reiche. Er sagte immer „Ja", aber sie schaute jedes Mal noch weiter und fuhr auch fort mit dem Ritual: „Reicht mein Geld?"

Während sie sich so eine Puppe nach der anderen ganz genau anschaute, schlenderte ein kleiner Junge den Gang entlang und sah sich bei den Videospielen um. Er war ordentlich angezogen, aber seine Kleidung war schon ziemlich abgetragen, und die Jacke, die er trug, war offensichtlich ein paar Nummern zu klein. Auch er hatte Geld in der Hand, aber so, wie es aussah, konnten es nicht mehr als fünf

Dollar sein. Auch er war in Begleitung seines Vaters, aber jedes Mal, wenn er ein Videospiel ausgesucht hatte und seinen Vater fragend anschaute, schüttelte der den Kopf.

Das kleine Mädchen hatte sich jetzt anscheinend für eine Puppe entschieden, ein wunderschön angezogenes, glamouröses Geschöpf, um das es von jedem anderen Mädchen aus seiner Straße beneidet werden würde. Aber dann blieb sie stehen, um zu beobachten, was sich zwischen dem Jungen und seinem Vater abspielte. Ziemlich entmutigt hatte der Junge sich die Videospiele bereits aus dem Kopf geschlagen und stattdessen etwas ausgesucht, das wie ein Stickeralbum aussah. Dann gingen er und sein Vater durch einen anderen Gang des Geschäfts in Richtung Kasse.

Das kleine Mädchen stellte die sorgfältig ausgewählte Puppe wieder ins Regal zurück und rannte hinüber zu den Videospielen. Ganz aufgeregt nahm sie eines der Spiele, das ganz oben lag, und rannte dann nach einer kurzen Absprache mit dem Vater zu den Kassen. Ich nahm meine Einkäufe und stellte mich hinter ihnen in die Schlange. Und dann, offensichtlich sehr zur Freude des Mädchens, stellten sich der kleine Junge und sein Vater hinter mir an. Nachdem das Videospiel bezahlt und verpackt war, gab das kleine Mädchen es der Kassiererin zurück und flüsterte ihr etwas ins Ohr. Die Kassiererin lächelte und legte das Päckchen unter die Kasse. Ich bezahlte danach meine Sachen und sortierte noch Bon und Kleingeld in mein Portemonnaie ein, als der kleine Junge an der Reihe war.

Die Kassiererin tippte den Betrag ein und sagte dann: „Herzlichen Glückwunsch, du hast einen Preis gewonnen!" Und damit gab sie dem kleinen Jungen das Videospiel. Der konnte sein Glück kaum fassen und sagte, es sei genau das Spiel, das er sich gewünscht habe!

Das kleine Mädchen und ihr Vater hatten während der ganzen Zeit am Ausgang gestanden, und ich sah das breiteste, hübscheste Lächeln eines kleinen Mädchens, das ich je gesehen hatte. Ihre Zahnlücke war eindeutig die schönste Zahnlücke der ganzen Welt! Dann gingen sie hinaus und ich direkt hinter ihnen.

Auf dem Weg zu meinem Auto, immer noch erstaunt über das, was ich da gerade miterlebt hatte, hörte ich, wie der Vater seine kleine Tochter fragte, wieso sie das getan hatte. Und ich werde auch nie vergessen, was sie antwortete: „Papa, wollten Oma und Opa nicht, dass ich etwas kaufe, das mich glücklich macht?"

Er antwortete: „Natürlich wollten sie das, mein Schatz."

Woraufhin das kleine Mädchen entgegnete: „Und das habe ich gerade getan." Dann lachte sie und rannte zum Auto.

Ich war in dem Spielzeuggeschäft gerade Zeugin eines Weihnachtswunders geworden in Gestalt eines kleinen Mädchens, das mehr vom Sinn des Festes begriffen hatte als die meisten Erwachsenen, die ich kenne!

Das beste Geschenk von allen

John Ortberg

Jedes Mal, wenn man ein Geschenk bekommt, hat man zwei Möglichkeiten, damit umzugehen. Zum einen kann man sich sagen: „Dieses Geschenk ist so wertvoll, dass ich es nie verwenden sollte." Diejenigen, die so reagieren, wissen sehr gut, dass es immer ein Risiko birgt, das Geschenk aus der Kiste zu nehmen und zu benutzen. Vielleicht passiert etwas Unvorhergesehenes. Vielleicht geht jemand unsachgemäß damit um. Vielleicht wird es nicht so geschätzt, wie wir es uns wünschen. Vielleicht geht es sogar kaputt. Auf jeden Fall ist es riskant!

Die zweite Möglichkeit ist folgende Überlegung: „Dieses Geschenk ist so wertvoll, dass es unbedingt eingesetzt werden sollte." Diejenigen, die das denken, begreifen, dass das Geschenk nie seiner Bestimmung gerecht wird, wenn es nicht aus der Kiste genommen wird. Damit würde man das ignorieren, was der Schenkende damit im Sinn gehabt hat. Es gibt wenig, das tragischer ist als ein nicht geöffnetes Geschenk!

Auch Sie haben ein Geschenk erhalten. Werden Sie es aufmachen und benutzen oder nicht?

Gott war sehr großzügig. Es gibt keine unbegabten Leute in seiner Welt. Und nicht nur das; Gott selbst bietet uns eine Partnerschaft an. Er wird Ihnen mit Rat und Tat zur Seite stehen, wenn Sie Weisheit und Ermutigung brauchen. Er richtet Sie auf, wenn Sie stolpern, und zieht Sie hoch, wenn Sie sinken. Er schenkt uns sich selbst als das beste Geschenk von allen!

Das Geschenk des Glaubens

Arthur Gordon

Ich erinnere mich an einen kalten Dezembernachmittag vor einigen Jahren, ich muss damals Anfang zwanzig gewesen sein. Für einen Freund und mich ging ein Tag zu Ende, den wir mit der Entenjagd verbracht hatten. Wir waren gerade dabei, die Lockvögel einzusammeln, als eine Schar Kanadagänse vorbeigeflogen kam. Sie flogen direkt durch den Sonnenuntergang, und zwar so niedrig, dass sich ihre Flügelspitzen in der völlig glatten Wasseroberfläche spiegelten. Der Anblick war so großartig, dass ich rief: „Schau mal! Da ist man doch dankbar, einfach nur am Leben zu sein."

Und mein Freund fragte leise: „Wem bist du dankbar?"

Mehr sagte er nicht, aber ich habe diese Worte nie vergessen, weil sie dem Kern meiner Philosophie so nah kamen, die auch das Thema dieses Buches ist. Mir scheint, dass die Geschenke des Lebens nicht zählbar oder messbar sind. Sie rufen unwillkürlich Dankbarkeit hervor. Aber wie kann man dankbar sein für ein Geschenk, ohne einen Schenkenden anzuerkennen und zu würdigen?

Seit jenem Nachmittag vor langer Zeit habe ich viel über das geschrieben, was man vielleicht als den Bereich der Religion und des Glaubens bezeichnen könnte. Ich habe Dutzende von Menschen interviewt – vielleicht auch Hunderte – und sie über ihre Überzeugungen befragt. Manche haben mich sehr beeindruckt, andere weniger. Aber es ist unmöglich, nicht zu der Schlussfolgerung zu gelangen, dass das Geschenk des Glaubens (und ich glaube, dass es wirklich ein Geschenk ist) das kostbarste von allen ist. Menschen, die dieses Geschenk angenommen haben, sind stärker – und freundlicher – und selbstloser – und glücklicher. So einfach (und gleichzeitig so rätselhaft) ist das.

Glaube ist ein fliegender Teppich,
der dich trägt,
wenn du entschieden hast,
auf ihm zu reisen.
Andreas Noga

So weit wie die Sterne

Titus Müller

Bel-Assars Töchter schliefen. Die Nacht gehörte ihm. Draußen rauschten beruhigend die Pistazienbäume. Er nahm die Sternenkarten aus der Truhe und legte sie auf den Tisch. Im unsteten Schein der Öllampen schienen sie zu leben: Schatten huschten zwischen den Gestirnen hin und her. Bel-Assar hob behutsam die astronomischen Geräte von ihrem Platz im Regal und stellte sie neben die Karten – seine Dioptra, sein Astrolabium zum Messen der Winkel am Himmel, sein Gnomon zum Messen der Äquinoktialschatten. Er liebte es, von ihnen umgeben zu sein.

Eine Zwergohreule sang ihr *Guu-djü-djüt*. Bel-Assar sah durch die Fensteröffnung nach draußen. Der Halbmond leuchtete hell und das Blauschwarz des Himmels war übersät von Sternen. Wer hatte diese Schönheit geschaffen? Wer hatte den Planeten ihre Bahnen gewiesen? Und warum blieben sie beständig in Bewegung? Die verlässliche Ordnung der Gestirne erstaunte ihn immer wieder.

Er konnte nur beobachten. Er konnte Tabellen anlegen und die Position des Mondes, der Sonne und der Planeten zu verschiedenen Zeitpunkten notieren. Er konnte ihre Zugbahnen berechnen. Aber er verstand nicht, woher sie kamen und wer sie lenkte.

Was hieß es schon, Sterndeuter zu sein? Die Leute oben in der Festung bewunderten sein Können, er rechnete ihnen den Erdumfang aus, er prophezeite ihnen, wie das nächste Jahr werden würde, ihre Ernte, ihre Kinderzahl. Aber er verstand nicht, welches Wesen hinter alldem stand. Er war dreiundfünfzig Jahre alt, und er hatte immer noch nicht gefunden, wonach er Nacht für Nacht suchte. Jemand hatte seine Spuren hinterlassen. Wo war diese Gottheit jetzt? Oder war jeder Stern ein Gott und gemeinsam lenkten sie die Geschicke der Menschen?

Ein warmer Schauer zog über Bel-Assars Haut. Er spürte, da war jemand im Raum. Jemand sah ihm zu. Mit angehaltenem Atem blickte er sich um. Da war nichts. Oder doch? Licht strömte durch die Luft, weißes Licht, blaues Licht und rotes Licht. Es umfloss eine Gestalt. Sie nahm feste Form an. Es war ein Mann in blendend weißen Gewändern. Seine Brauen und sein Haar funkelten wie Diamanten. Er sagte: „Hab keine Angst."

Bel-Assar brachte kein Wort über die Lippen. Er konnte nicht mehr atmen vor Entsetzen.

Der Mann aus Licht machte einen Schritt auf ihn zu. Es ging Wärme von ihm aus wie von einem Feuer, Bel-Assar spürte sie auf den Wangen.

Endlich gelang es ihm, einen raschen Atemzug zu nehmen. Er keuchte: „Bist du ein Stern?"

„Die Sterne leben nicht. Sie lenken auch nicht die Geschicke der Menschen."

„Dann habe ich mein Leben an einen Irrweg verschwendet?" Bel-Assar sah sich nach seinen Notizen mit den Prognosen für das nächste Jahr um.

Der Mann aus Licht schwieg.

„Du musst ein Gott sein."

„Nein. Ich bin ein Bote Gottes."

„Wie kann ich dir dienstbar sein?" Seine Stimme war leise, die Kehle eng durch die Angst.

„Du hast Gott gesucht. Er hat es gesehen. Jetzt möchte er dir eine große Ehre erweisen."

„Du bist zu mir gesandt worden? Wenn Gott mir einen Boten sendet, dann ist das die größte Auszeichnung." Was hatte er nur getan, um dieses Geschenk zu verdienen?

Ein Pulsieren ging durch den Mann aus Licht und es wurde sehr hell im Raum. „Er selbst, der Erschaffer allen Lebens, besucht die Erde. Er wird Wunderbares tun und Schreckliches erleiden. Du wurdest auserwählt, ihn zu begrüßen."

Bel-Assar hob die Hand, um das blendende Licht abzuschirmen. „Ich?"

„Der Allmächtige irrt nicht."

„Aber wie begrüßt man einen Gott? Was kann ich ihm zur Begrüßung schenken?"

Der Mann lächelte. „Der Allmächtige braucht deine

Geschenke nicht. Er hat alles geschaffen. Was du ihm schenken könntest, gehört ihm bereits."

Er sollte Gott sehen! Er, Bel-Assar, sollte ihn auf der Erde begrüßen! Er konnte unmöglich ohne Geschenk erscheinen. Verzweifelt kaute er auf der Unterlippe. „Es muss doch etwas geben, etwas, das selbst für ihn kostbar ist."

Der Mann aus Licht sagte: „Deine Liebe."

Bel-Assar dachte nach. „Meine Liebe zeige ich durch Geschenke. Zum Beispiel habe ich meiner jüngsten Tochter gestern einen Armreif geschenkt. Sie hat sich gefreut, weil der Armreif ihr zeigt, dass ich sie gern habe."

„Dann mache Gott ein Geschenk. Er wird es verstehen."

Und was ziehe ich an?, dachte Bel-Assar. „Wird es einen großen Empfang geben?"

„Nein. Du wirst fortan ein anderer Mensch sein, weil du Gott gesehen hast. Du wirst etwas verstehen, das kein Mensch vor dir erkannt hat."

Ihm rauschte wild das Blut durch die Adern. Das war, was er sich sein Leben lang gewünscht hatte. Der Mann aus Licht war freundlich, aber er war groß und mächtig, und wie würde erst Gott sein? Bel-Assar fürchtete sich. Er wollte nicht allein hingehen. „Ich habe zwei Freunde. Auch sie suchen Gott."

„Nicht so wie du."

„Darf ich sie trotzdem mitnehmen?"

„Du kannst sie mitnehmen. Sie werden aber nicht alles verstehen."

Er machte einen Schritt. Seine Knie waren weich. „Ich werde ihnen sagen, dass ich dich gesehen habe, einen Gottesboten aus Licht, und ich –"

„Sie werden dir nicht glauben", unterbrach ihn der Mann aus Licht.

„Was soll ich ihnen dann sagen?"

Die Augen des Gottesboten strahlten hell. „Sag ihnen, du hast einen Stern entdeckt."

„Aber die Sterndeuterei ist Unfug. Oder habe ich dich da falsch verstanden?"

Der Engel drehte sich zum Fenster. Er streckte seinen Arm aus und zeigte in den Himmel.

Bel-Assar fiel die Kinnlade herunter. Ein neuer Stern, strahlend und hell, erschien am Himmel, wo der Engel hingezeigt hatte.

„Folgt diesem Licht", sagte der Mann und verschwand.

Die Sättel knarrten. Gutmütig schwankten die Dromedare den Berghang hinunter. Ein Dorf kam in Sicht. Die Häuser schmiegten sich an den Hügel. Es war kalt, Atemluft wölkte den Dromedaren aus den Mäulern.

„Du hast die Entdeckung des Jahres gemacht und sagst kaum ein Wort", schimpfte Melchior. „Welche Laus ist dir über die Leber gelaufen?"

Gaspar sagte: „Lass ihn. Er ist müde. Tut dir nicht auch der Hintern weh? Drei Wochen reiten, und er ist älter als wir beiden, vergiss das nicht. Wenn er Trübsal blasen will, lass ihn Trübsal blasen."

„Er hat Angst vor diesem Herodes, sage ich dir. War ja auch kein schöner Anblick, wie der getobt hat. Seine Dynastie wird abgelöst, da würde jeder König einen Wutausbruch kriegen. Stimmt's, Bel-Assar? Du fürchtest dich."

Bel-Assar sah zum Himmel. Der neue Stern war immer noch da. Er leuchtete hell mitten im Sternbild des Löwen. „Es ist ein König", sagte er leise, „wie die Erde ihn noch nie gesehen hat. Ich versuche, mich innerlich darauf vorzubereiten."

Sie ritten in das Dorf ein. Seine Gassen waren schmal und der Wind heulte in den Winkeln. Bel-Assar sagte: „Wartet!" Er befahl dem Dromedar mit einem Zungenschlag, sich niederzulegen. Es knickte gehorsam die Knie ein und legte sich auf den Boden. Er stieg aus dem Sattel, ging zur nächstgelegenen Tür und klopfte an.

Die Tür öffnete sich. Ein Mann sagte mürrisch: „Alle Zimmer sind belegt. Ich kann niemanden mehr aufnehmen."

„Wir sind weit gereist."

„Das sind andere auch. Die Volkszählung stellt das ganze Land auf den Kopf. Alle müssen in ihre Geburtsorte reisen und Bethlehem ist voll mit solchen Rückkehrern. Tut mir leid. Beschwert euch bei Herodes."

„Wie heißt dieser Ort? Betlehem?" Bel-Assar erschauderte. Er kannte diesen Namen aus den hebräischen Schriften, die er gelesen hatte. *Denn du, Bethlehem im jüdischen Lande, bist mitnichten die kleinste unter den Städten in*

Juda. Aus dir soll mir kommen der Fürst, der über mein Volk Israel ein Herr sei.

War dies womöglich der Ort, den Gott auserkoren hatte? Die Prophezeiung war jahrhundertealt.

Bel-Assar sah noch einmal zum Himmel. Er zuckte zusammen. Der Stern war verschwunden! War das ein gutes Zeichen oder ein schlechtes? Hieß es, dass Gott hier ankommen würde?

Er sah sich um. Wenn dies die Stelle war, wo würde dann der Empfang stattfinden? Es gab keine größeren Gebäude. Warum sollte Gott dieses Nest auswählen, diese Einöde?

Wo waren die Musiker? Wo waren die Tänzerinnen? Wo waren die Küchen, in denen das Festmahl vorbereitet wurde? „Sage an", fragte er, „gibt es hier irgendwo ein Fest?"

„Nein, davon wüsste ich." Der Mann musterte Bel-Assars goldbestickte Gewänder. „Es ist ein Jammer. Ich hätte euch gerne aufgenommen. Aber ich habe sogar schon einen Mann mit seiner schwangeren Frau in den Stall verfrachtet. Es ist wirklich nichts mehr zu machen. Kommt wieder einmal vorbei, wenn hier weniger los ist. Dann richte ich euch ein Fest aus."

Bel-Assar bekam eine Gänsehaut. Er stotterte vor Aufregung: „Könn-können wir uns den Stall einmal ansehen?"

„Männer wie ihr wollt in einem Stall wohnen? Das glaube ich nicht." Der Wirt runzelte die Stirn. „Aber wie ihr meint, bitte, dort durch die Pforte geht es, seht ihn euch an. Ich glaube nicht, dass er euch gefallen wird."

Bel-Assar ging zurück zum Dromedar und löste die Kiste mit dem Goldgeschmeide vom Sattel. „Kommt", sagte er, „nehmt eure Geschenke. Wir sind da."

„Wie meinst du das?" Melchior sah sich um.

„Der König ist hier."

Gaspar prustete. „Niemals!"

„Ich bin mir sicher."

Widerwillig stiegen sie von ihren Dromedaren und nahmen die Myrrhe und das Säckchen mit dem getrockneten Weihrauchharz an sich. Bel-Assar ging voran. Obwohl es kalt war, schwitzte er.

Er öffnete die kleine Pforte und sie betraten eine grob in den Felsen gehauene Höhle. Ihr Boden war mit Stroh bedeckt und es war warm. Ein Dutzend dampfende Schafleiber drängten sich aneinander.

Jetzt kamen auch ihm Zweifel. Das Schaudern musste doch kein Zeichen gewesen sein. Wie sollte Gott in diesem Stall sein?

Hinten, in einem Winkel, erhob sich ein Mann. „Bitte stört uns nicht. Meine Frau hat gerade erst entbunden, sie braucht Ruhe."

Bel-Assar trat näher. Er sah die Frau, sie lag auf einem Bett aus Stroh. Neben ihr stand eine Futterkrippe. Er beugte sich vor. In der Futterkrippe lag ein Neugeborenes.

„Siehe", sagte eine Donnerstimme an seinem Ohr, „in ihm ist alles geschaffen, was im Himmel und auf Erden ist, das Sichtbare und das Unsichtbare, es seien Throne oder Herrschaften oder Reiche oder Gewalten, es ist alles durch ihn und zu ihm geschaffen. Und er ist vor allem und es besteht alles in ihm."

Da begriff er es. Hier war seine Erkenntnis über Gott! Niemand vor ihm hatte das gewusst. Er sagte: „Gott will den Menschen nahe sein, so sehr, dass er bereit ist, ihre Schwäche zu teilen."

Die Eltern des Neugeborenen sahen ihn erschrocken an. Dann zog ein Lächeln über das Gesicht der Mutter. „Ja", flüsterte sie.

„Wie weit sich Gott herabgelassen hat", sagte Bel-Assar, „um hier unter uns zu sein! Er, der bei den Sternen lebt und alles geformt hat und allem Leben gibt." Er sank auf die Knie nieder und stellte seine Kiste vor die Futterkrippe. „Ich weiß, es ist dein Gold, das ich dir bringe, mächtiger Gott. Aber es soll dir zeigen, dass du mein Herz besitzt. Danke, dass ich dich auf der Erde begrüßen darf. Danke, dass du zu uns gekommen bist."

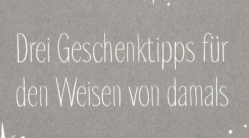

Drei Geschenktipps für den Weisen von damals

Thomas Joussen

Der Brauch, uns gegenseitig zu beschenken, geht vermutlich auf das Beispiel der drei Weisen aus dem Morgenland zurück, die Jesus ihre Gaben aus der Heimat nach Bethlehem brachten.

Aber warum bringen die drei dem Kind ausgerechnet Gold, Weihrauch und Myrrhe?

Die drei Geschenke hatten neben der Symbolik eine handfeste strategische Bedeutung: Als Josef mit seiner jungen Familie nach Ägypten fliehen musste, hätte er eigentlich kein Geld gehabt, um die Reise zu finanzieren. Mit dem Erlös aus den wertvollen Geschenken der drei Weisen konnte er jetzt die Reise finanzieren. Gott sorgt oft auf wirklich wundersame Weise für die Seinen …

Goldstaub
Der Klassiker schlechthin: Gold ist wertvoll, strahlend, das kostbarste Gut. Erfreute sich in Zeiten wirtschaftlicher Krisen schon immer besonders hoher Beliebtheit. Gold

steht für dauerhaften Wert. Als Geschenk schätzt die heutige Dame das Edelmetall vor allem in Kombination mit funkelndem Gestein. Im Alltag unserer Tage gerne dargereicht in Form von Uhren, Plomben oder Medaillen.

Weihrauch
Klingt äußerst weihnachtlich, riecht vorzüglich (außer man sitzt in einer katholischen Kirche zu weit vorne und erleidet eine Überdosis). Symbolisiert die Göttlichkeit Jesu und steht zugleich für Reinigung. Neuzeitliche Geschenkentsprechung: das Duschgel.

Myrrhe
Das Duftwasser der Antike mit leicht würzig-süßer Note. Im Prinzip der erste bekannte Unisex-Duft. Wert: damals nur für Könige, also ein Zeichen äußerster Wertschätzung – heute übrigens auch für Otto-Normalschenker durchaus erschwinglich, allerdings nicht mehr ganz im Trend. Myrrhe war außerdem lange Zeit ein medizinisches Betäubungsmittel und wurde zum Einbalsamieren von Leichen verwendet. Damals also quasi zu deuten als Vorankündigung für das Leid Jesu, das noch folgen sollte.

Unterm Strich kann man die Botschaft der Weisen so zusammenfassen: „Wir, die Welt, wollen dir, dem einzig Reinen, unsere höchste Wertschätzung bringen. Du bist es wert, unser König genannt zu werden!"
Allein dafür hatte sich die Reise gelohnt.

Der verschnittene Weihnachtsbaum

Dieter Rutkowski

Es war am Heiligen Abend, noch ganz früh. Auch die Kinder waren früh geweckt worden, denn es gab noch eine Menge Arbeiten bis zur Christmette zu erledigen. Die Familie saß am Frühstückstisch bei frischem Stollen und teilte die Arbeit untereinander ein.

Sepp, der Älteste, musste ins Nachbardorf laufen und die Festgans holen. Reiner übernahm das Schneeschaufeln, denn es hatte die ganze Nacht über stark geschneit, und Sven, der Jüngste, musste noch einiges an seinen Geschenken machen.

Plötzlich fiel der Mutter noch ein, dass der Tannenbaum ja auch noch aufgestellt werden musste. Fast hätten sie das Wichtigste vergessen! Das Schmücken übernahmen dann immer die Eltern, so war es Tradition, solange man denken kann.

„Wenn ihr noch Zeit habt, Jungs, dann könnte jemand von euch den Baum um einen Quirl kürzen. Er ist in diesem Jahr etwas lang geraten. Bitte, es wäre lieb von euch, wenn ihr das auch noch machen würdet", fügte die Mutter an.

Danach ging jeder an seine Aufgaben. Sepp ging ins Nachbardorf, um die Gans zu holen, Reiner begann den Schnee zu schaufeln und Sven holte sich Pinsel und Farbe aus der Werkstatt. Er musste sich sputen, damit die Farbe für das Vogelhaus noch bis zum Abend trocknete.

Vater sah ihnen nach. Sie waren so beschäftigt, dass sie ganz sicher den Tannenbaum vergessen würden. Also ging er in die Werkstatt, holte sich die alte Bügelsäge und schnitt von dem wunderschön gewachsenen Weihnachtsbaum das gewünschte Ende ab. Er stellte noch einmal den Baum auf den Boden und war zufrieden. Jetzt konnte der Vater sich den anderen Arbeiten widmen.

Sven hatte gerade das Dach des Vogelhauses angemalt und ging in die Werkstatt, um sich die Farbe für die Seitenwände zu holen. Was hatte die Mutter gesagt? Der Tannenbaum sollte gekürzt werden. Gesagt, getan. Also nahm er die Säge und schnitt vom Baum die gewünschte Länge ab. Er betrachtete seine Arbeit und war zufrieden. Fröhlich begann er sein Häuschen weiterzubemalen.

Inzwischen war Rainer fertig und zurück auf dem Hof. Der Schnee war geräumt. Die Arbeit war anstrengend gewesen, aber eines wollte er noch schnell erledigen, damit es nicht doch noch vergessen wurde. Er holte die Säge aus der Werkstatt und kürzte den Baum um die gewünschte Länge. Zufrieden schaute er sein Werk an. Er fand den Baum zwar gar nicht so groß, wie Mutter ihn beschrieben hatte, aber egal. Sie wollte es so, dann hatte es gewiss auch seine Richtigkeit. Mutter konnte zufrieden sein. Es war nun ein schönes, kleines, gut gewachsenes Bäumchen. Sofort ging er auf den Boden, um den Baumständer herunterzuholen.

Inzwischen kam Sepp mit der Gans an. Er legte sie auf den Küchentisch und ging in die Werkstatt, um noch die letzte Arbeit zu erledigen. Mutter hatte darum gebeten, dass der Baum gekürzt wird. Während er ihn um die gewünschte Länge absägte, kramte Rainer den Ständer hervor und stellte ihn ins Wohnzimmer.

Wie sehr staunte die Mutter, als sie dann den Baum sah. Er war kaum noch einen Meter hoch und sah traurig und verkümmert aus.

Als dann der Rest der Familie dazukam, gab es ein großes Gelächter. Jeder von ihnen hatte es gut gemeint und der Mutter den Wunsch erfüllen wollen.

Gemeinsam gingen die Jungs dann noch in den Wald und suchten einen neuen Baum aus. Draußen wurde es langsam dunkel. Sie mussten sich beeilen, damit sie noch rechtzeitig zur Christvesper kamen. Als sie dann am Abend vor dem im Kerzenlicht strahlenden Tannenbaum saßen, huschte ab und zu ein Schmunzeln über ihre Gesichter.

Lied im Advent

Matthias Claudius

Immer ein Lichtlein mehr im Kranz,
den wir gewunden,
dass er leuchte uns so sehr
durch die dunklen Stunden.

Zwei und drei und dann vier!
Rund um den Kranz welch ein Schimmer,
und so leuchten auch wir,
und so leuchtet das Zimmer.

Und so leuchtet die Welt
Langsam der Weihnacht entgegen.
Und der in Händen sie hält,
weiß um den Segen.

Quellenverzeichnis

Stille Nacht

S. 13: Joussen: *Eine Weihnachtsgeschichte zum Vorlesen*, in: Joussen/Karlicek: In der Krippe kein Lametta, © Gerth Medien 2013, S. 68–69.

S. 18: Claudia Weiand: *Gedanken zum Dezember*, in: Meine Zeit Kalender 2011, © Gerth Medien 2010.

S. 21: Helmut Frantzen: *Das verschwundene Jesuskind*, in: Inge Frantzen (Hg.): Sternenglanz und Tannenduft,© Gerth Medien 2008, S. 88–92.

S. 27: Rick Warren: *Grund zum Feiern*, in: Rick Warren: Drei Geschenke für dich. Warum Gott Weihnachten erfand, © Gerth Medien 2009, S. 25.

S. 28: Thomas Franke: *Ephraims Reise oder: Was Josef vergessen hatte*, in: Inge Frantzen (Hg.): Sternenglanz und Tannenduft, © Gerth Medien 2008, S. 38–43.

S. 36: Stephen Cottrell: *Die beste Weihnachtspredigt*, in: Stephen Cottrell: Tu nichts! Weihnachten kommt von alleine! Ein Adventskalender der besonderen Art, © Neukirchener Verlagsgesellschaft mbH, Neukirchen-Vluyn, 4. Auflage 2015.

S. 37: Paul Gerhardt: *Ich steh an deiner Krippen hier*, Evangelisches Gesangbuch Nr. 37, Strophen 1, 4 und 9.

S. 39: Titus Müller: *Das Lied von der Stillen Nacht*, gekürzter Auszug aus: Titus Müller: Stille Nacht. Erzählung, © 2015 by adeo Verlag, Gerth Medien GmbH Asslar, S. 130–135.

Zeit der Hoffnung

S. 47: Ute Kordes: *Kostbarkeiten aus dem Schuhkarton*, in: Nicole Schol/Mirjam Kocherscheidt: Beschenkt. 20 wahre Geschichten, © Gerth Medien 2009, S. 98–102.

S. 52: Thea Eichholz-Müller: *Herr des Himmels menschennah*, Text und Musik: Thea Eichholz, © 2007 Gerth Medien Musikverlag, Asslar

S. 54: Andi Weiss: *Weihnachten am Gründonnerstag*, leicht gekürzt, ursprünglich unter der Überschrift „Omas Weisheiten", in: Andi Weiss: Strandgut, © Gerth Medien 2009, S. 81–88.

S. 59: Jürgen Werth: *Weihnachten heißt: Er ist da*, in: Jürgen Werth: Ich halte dich. Gott. © Gerth Medien 2013, S. 123.

S. 60: Ella Ruth Rettig: *Der hausgemachte Heiligabend*, in: Patricia A. Pingry (Hg.): Die Nacht, in der die Sterne sangen, Gerth Medien 2013, S. 86–92.

S. 67: Kaspar Friedrich Nachtenhöfer: *Dies ist die Nacht,* Weihnachtslied (1684).

S. 68: Thomas Joussen: *Sorry, wir sind leider ausgebucht*, in: In der Krippe kein Lametta, © Gerth Medien 2013, S. 49.

S. 70: Susan Maycinik: *Worte, die Mut machen*, in: Alice Gray: Solange du mich brauchst, © Gerth Medien 2006, S. 40–41.

S. 73: Jürgen Werth: *Advent.* Zitat aus: Jürgen Werth: Ich halte dich, Gott, © Gerth Medien 2013, S. 123.

S. 74: Noor van Haaften: *Der Viadukt-Mann*, in: Noor van Haaften: Das Kästchen im Kleiderschrank, © Gerth Medien 2015, S. 55–59 und 137–139.

S. 80: Janet Drez: *Die Ermutigungs-Papierkette*, in: Kathe Wunnenberg: Ich schenk dir Hoffnung, © Gerth Medien 2015, S. 157.

S. 82: Sylvia Renz: *Die Weihnachtsangst*, in: Inge Frantzen (Hg.): Sternenglanz und Tannenduft, © Gerth Medien 2008, S. 56–62.

S. 89: *Nun soll es werden Frieden auf Erden*, Zitat aus dem Weihnachtslied „Kommet ihr Hirten".

S. 90: Charles Swindoll: *„Sind Sie Gott?"*, in: Alice Gray: Solange du mich brauchst, © Gerth Medien 2006, S. 31.

S. 92: Jochen Klepper: *Die Nacht ist vorgedrungen*, Evangelisches Gesangbuch Nr. 16, Strophen 1–4.

Vom Schenken und Beschenktwerden

S. 97: Jürgen Werth: *Vom Schenken und Beschenktwerden*, in: Jürgen Werth: Danken tut gut, © Gerth Medien 2015, S. 81–85.

S. 102: Joachim Ringelnatz: *Schenken*, in: Joachim Ringelnatz. Die besten Gedichte, marixverlag 2005, S. 382.

S. 103: Klaus Douglass: *Irrglaube über das Glück*, in: Klaus Douglass/Eva Jung: Glück ist jetzt, © by adeo Verlag, Gerth Medien GmbH 2010, S. 21.

S. 105: Max Lucado: *Das perfekte Geschenk*, in: Max Lucado: Drei Minuten mit Gott, © Gerth Medien 2016, S. 454–455.

S. 107: Arthur Gordon: *Die Nacht, in der die Sterne vom Himmel fielen*, in: Arthur Gordon: Geschenke des Himmels, © Gerth Medien 2008, S. 146 ff. (leicht gekürzt).

S. 114: Zeit schenken. Text: Fotokarte PK145 der Stiftung Marburger Medien, www.marburger-medien.de.

S. 116: Sharon Palmer: *Die schönste Zahnlücke der Welt*, in: Alice Gray: Per Anhalter in den Himmel, © Gerth Medien 2003, S. 59–60.

S. 119: John Ortberg: *Das beste Geschenk von allen*, in: John

Ortberg: Abenteuer Leben. Gottes überströmende Liebe im Alltag entdecken, © Gerth Medien 2005, S. 151.

S. 121: Arthur Gordon: *Das Geschenk des Glaubens*, in: Arthur Gordon: Geschenke des Himmels, © Gerth Medien 2008, S. 99-100.

S. 122: Zitat von Andreas Noga aus: Andreas Noga: Kurz & Gott, © 2015 by adeo Verlag, Gerth Medien GmbH, Asslar.

S. 123: Titus Müller: *So weit wie die Sterne*, in: Titus Müller: Der den Sturm stillt. Begegnungen mit Jesus. Erzählungen, © Gerth Medien 2015, S. 7-14.

S. 132: Thomas Joussen: *Drei Geschenktipps für den Weisen von damals*, in: Thomas Joussen/Karlicek: In der Krippe kein Lametta, © Gerth Medien 2013, S. 64-65.

S. 134: Dieter Rutkowski: *Der verschnittene Weihnachtsbaum*, in: Dieter Rutkowski: Der hellste Stern. Besinnliche Advents- und Weihnachtsgeschichten, © Gerth Medien 2009, S. 85-87.

Der Verlag weist ausdrücklich darauf hin, dass im Text enthaltene externe Links nur bis zum Zeitpunkt der Buchveröffentlichung eingesehen werden konnten. Auf spätere Veränderungen hat der Verlag keinerlei Einfluss. Eine Haftung des Verlags für externe Links ist stets ausgeschlossen.

Copyright © 2017 Gerth Medien GmbH,
Dillerberg 1, 35614 Asslar

Für die Bibelzitate wurde, soweit nicht anders angegeben, folgende Übersetzung verwendet: Lutherbibel, revidiert 2017, © 2016 Deutsche Bibelgesellschaft, Stuttgart.
Darüber hinaus wurde aus folgender Übersetzung zitiert:
Hoffnung für alle, © Copyright © 1983, 1996, 2002 by Biblica, Inc.®. Verwendet mit freundlicher Genehmigung von 'fontis – Brunnen Basel.

1. Auflage 2017
Bestell-Nr. 817239
ISBN 978-3-95734-239-3

Umschlaggestaltung: Hanni Plato
unter Verwendung von Shutterstock
Satz: Greiner & Reichel, Köln
Druck und Verarbeitung: GGP Media GmbH, Pößneck
Printed in Germany

www.gerth.de